陪孩子一起读的
世界历史

——（图文版）——

张争艳 ◎ 著

中国致公出版社
China Zhigong Press

图书在版编目（CIP）数据

陪孩子一起读的世界历史 / 张争艳著. -- 北京：中国致公出版社, 2018
ISBN 978-7-5145-1157-4

Ⅰ. ①陪… Ⅱ. ①张… Ⅲ. ①世界史—青少年读物 Ⅳ. ①K109

中国版本图书馆CIP数据核字(2017)第291651号

陪孩子一起读的世界历史
张争艳 著

责任编辑：张洪雪
责任印制：岳 珍

出版发行：	中国致公出版社
地　　址：	北京市海淀区翠微路2号院科贸楼
邮　　编：	100036
电　　话：	010-85869872（发行部）
经　　销：	全国新华书店
印　　刷：	北京德富泰印务有限公司
开　　本：	710毫米×1000毫米　1/16
印　　张：	17.5
字　　数：	217千字
版　　次：	2018年7月第1版　2018年7月第1次印刷
定　　价：	45.00元

版权所有，未经书面许可，不得转载、复制、翻印，违者必究。

前 言
PREFACE

　　寒来暑往，星移斗转，年复一年，人类从远古时期一路走来，经历了漫长的岁月，它像浩瀚无边的星空，一眼望不到尽头。从我们的先人学会制造和使用最简单的工具时起，人类就逐渐开启了文明之旅。在艰苦的条件下，他们用粗制的工具，顽强地与大自然抗争，栉风沐雨，缓慢地向文明迈进。在长期的劳动与实践中，他们逐渐发展了农业，于是就不需要再漂泊不定，从而形成了群居的氏族和部落，为国家的形成奠定了基础。古埃及、古希腊、古巴比伦和古代的中国四大农业文明区域，以及它们所创造的最古老的灿烂文明，均是遥远时代文明曙光的见证。

　　时光飞逝，人类不断地发展，推动着文明的进步，丰富着它的内容。自从人类有文字记载的时候起，几千年来，人类又走过了一条非同寻常的路程：兴旺与衰弱，繁荣与衰落，辉煌与沧桑，风和日丽与血雨腥风。多少人流芳千古，多少人遗臭万年；多少事万世流传，多少事如云如烟，瞬间而逝；又有多少人和事扑朔迷离，给后人留下重重疑团……这所有的一切均汇成浩瀚的历史长河，后浪涌推着前浪，滚滚而来，铸就成现代灿烂的文明！可以说，人类

PREFACE

  每走过一步,都付出了无数的艰辛;世界历史发展的每一个阶段,人类都需要拨开重重迷雾,走过沟沟坎坎,历经种种磨难,所以令人发思,值得回味!

  历史蕴含着经验,珍藏着真知,哲人培根曾说"读史使人睿智"。对任何人来讲,学习历史,不仅能掌握过去,更能使人获取渊博的知识,展示儒雅的风度。拥有丰富的历史知识,就拥有了一份丰厚的人生资本,它能帮你把握当下、创造未来、终生受益。因此,任何一个人,如果对自己的国家和民族的历史一无所知,无疑是一件非常可悲的事情,而对于一个成功的现代人而言,如果仅把眼光投向自己的民族和国家,对世界历史知识却孤陋寡闻,显然也是一种缺憾,容易给人留下肤浅、缺少文化底蕴的印象。

  历史的车轮驶入当今的时代,科技高度发达,信息通讯科技的发展日新月异,人类用于代步行走的交通工具也越来越先进,使得人与人之间的联系越来越紧密。在未来的岁月里,当人类登月的理想成为现实,人类探索的足迹踏遍宇宙时,我们的星球母亲——地球,将仅仅是浩瀚宇宙空间中的一个"普通小村庄",同为地球村人,到那时,谁还对异族文明大加排斥、谁还能再对别国的历史不闻不问呢?

  诚然,世界历史博大精深,抽象、深奥、神秘、刻板,难以将通俗性和趣味性融入其中,而且史料中牵涉

PREFACE

　　的人多、事件多、战役多、地名多，读起来索然无味、如同嚼蜡，更是令小朋友们望而却步。

　　那么，怎样才能让小读者们在欣赏文学佳作的心境中，轻松地获取宝贵的历史知识呢？本书在编辑的过程中，力图在这方面做一点点努力，尽量避免了使用晦涩难懂、枯燥无味的语言和采用平直呆板、缺少生机的叙述方式，而是在尊重史实的前提下，语言风格尽可能地力求轻松、诙谐，富有趣味性、哲理性、指导性和实用性。本书的一大特点就是通过讲述生动有趣的历史故事，展现出五千年的世界风貌；通过明快的语言，描述出一个个站在时代浪尖上的历史风云人物，勾画出人类文明发展的轨迹。此外，为了让这本书更具收藏价值，本书中还收集了大量珍贵的图片，以便让广大读者更直观地了解昔日世界的重要场景。

目录
CONTENTS

Part 1　从无到有
　　——开启人类文明探源之旅

1. 万物起源……02
2. 火种！刀耕！……06
3. 什么是冶金术……11
4. 第一个城邦……15
5. 古埃及的秘密……20
6. 神秘莫测的国度……24

Part 2　杀戮与拯救
　　——帝国时代和它的英雄们

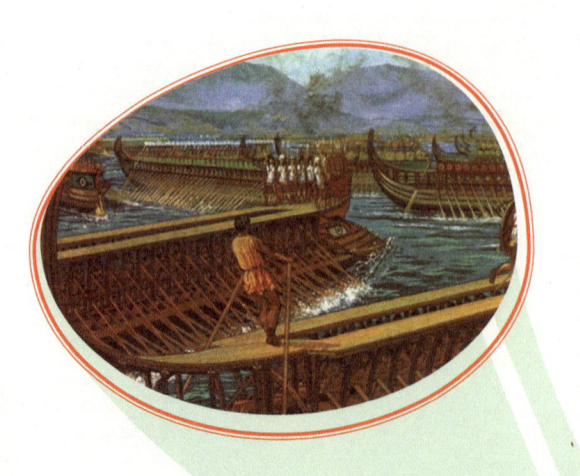

1. 不死军的领袖……32
2. 希腊和波斯打起来了……35
3. 喜欢战争的阿育王……39
4. 遍地黄金的雅典……44
5. 斯巴达城的二次战争……47
6. 凯撒大帝……50

Part 3　孤单的文明
——中古时代的那些秘密

1. 野蛮人来了……56
2. 永恒之王……61
3. 拜占庭王国……65
4. 海上强盗……70
5. 佛陀的故乡……75

Part 4　烈焰下的强权
——悲壮雄浑的征服与扩张之歌

1. 黑暗中的光明……80
2. 渴望翻身的农奴……84
3. 人类文明史上的一朵奇花……88
4. 马背上的皇帝……91
5. 君士坦丁堡的最后余晖……94
6. 新的世界和新的皇帝……98

part 5 翻天覆地的改变
——推动世界的欧洲大转折
1. 国王与教皇的权力游戏……104
2. 登上王位的小女孩……108
3. 最后的女王……112
4. 海上新霸主……116
5. 到处都是富人的国家……119

Part 6 化思想为力量
——推动人类进步的领导者
1. 喜欢看戏的英国人……124
2. 同时落地的铁球……127
3. 被苹果砸中的人……131
4. 波旁王朝的故事……135
5. 康熙大帝……139
6. 到瑞典去……143
7. 思想的使者……147

Part 7　暗涌下的浪潮
——一场阴谋与利剑的革命纷争

1. 太阳王……152
2. 纸币之父……155
3. 席卷欧洲的启蒙运动……159
4. 一场打了七年的战争……164
5. 摆脱英国的控制……168
6. 被砍头的国王……172

Part 8　旧世界，新势力
——在开拓和掠夺中前进的殖民

1. 了不起的拿破仑……178
2. 决战特拉法尔加……183
3. 维也纳会议的推手……187
4. 向奥斯曼开战……191
5. 你们别插手……195

Part 9　谁赢谁败
　　——难以避免的人间浩劫

1. 第一次世界大战……200
2. 可怕的枪声……206
3. 德国的陷阱……211
4. 大规模海战……214
5. 二战风云……218
6. 希特勒的野心……225
7. 天真的法国人……229
8. 被拖下水的美国……233

Part 10　在风暴中觉醒
　　——走出大熔炉的现代入口

1. 义无反顾的抗战……238
2. 一夜竖起的高墙……243
3. 四分五裂的国土……247
4. 甘地和印度……251
5. 改变世界格局的一次访问……255
6. 南非国父……259
7. 本·拉登事件……263

Part 1

从无到有——开启人类文明探源之旅

地球在宇宙空间中只不过是沧海一粟，但却是孕育人类的摇篮。自从我们的始祖开始用勤劳的双手制造简陋的石器时起，人类的历史便徐徐拉开了帷幕。

早期的人类散居在世界各地，在艰苦的环境下，他们用制造的工具，保存火种、狩猎耕种、制皮为衣、绘画装饰等。他们艰难地摆脱了野蛮，创造了最古老的文明。

本章我们将一起走进遥远、神秘但却亲切的人类早期文明。

1 万物起源

地球在很长一段时间里都是没有生命的，为什么呢？因为地球在诞生的时候，是一个巨大的火球，温度很高很高，它的环境并不适合生命的生存。它经历了很长很长的一段时间才冷却下来，慢慢成长，才呈现出我们现在看到的样子。

很多人会问，我们来自哪里呢？其实在科学研究中，很多问题已经有了答案，但是人类来源于哪里仍然没有很明确的说法，这是因为不同的国家拥有不同的传说。例如中国有女娲娘娘捏泥土造人的传说，而在欧洲的国家里则是上帝创造了亚当和夏娃。尽管传说来自不同的国家，但是他们都有一个共同点，那就是人是用泥土造成的。你们相信人是用泥土造的吗？

女娲造人

Part 1 从无到有——开启人类文明探源之旅

在距今约38亿年前，地球上才出现最早的生命，那是一种很简单的生物，因为它们只是一个细胞，完全没有现在这么复杂。这是最初的生命形式。正是它们在不断地发展，才有了现在这样丰富多彩的世界。

在很长的一段时间里，它们都是孤独和寂寞的。直到约6亿年前，海洋才出现生命，就是那些五颜六色的海藻。你可别小看它们，它们可是地球上最古老的霸主。而到了大约3亿年前左右，地球才出现了第一片森林。随后又经过漫长的等待，将近有1亿年的时间，那个充满无限遐想的世界形成了，就是侏罗纪时代的恐龙。各地不断出土的恐龙化石让这个传说成为现实。

人类的形成和恐龙一样，因为化石的发现，才有了清晰的认识。大约在500万年前，第一个人类出现啦，那是一种被叫作"猿"的生物。

你能想象最早的人类所使用的工具吗？那是用石头打击出来的，将大石头打击成现在我们使用的斧子、刀子等生活用品。你可以自己试试，要用石头打击出工具是多么费力的事，但是最早的人类却做到了。所以我们把他们那个时代叫作旧石器时代。

这些人的生活方式，我们可以想象出来有多么无聊和简单，他们一天大约吃两顿饭，太阳下山之后必须回到洞穴中。然而这简单的生活，并没有我们所想的那么轻松，因为当时的人类数量并不多，而周围存在许多威胁生命的野兽。猛兽和人类生活在同一个环境，不断地交换生命，我们曾在猛兽的山洞中发现了先民的骨头，也在先民的洞穴里发现了猛兽的骨头，当时我们的先民已经非常聪明了，他们会把猛兽的骨头放在一块石头上，再拿来另一块石头，利用它的尖锐处把骨头砸开。他们的生活工具已经很丰富了，有针、吸管、梭子、鱼钩等等。

尽管这些先民擅长用石斧、弓箭和一系列的生活工具,但他们还不会种粮食。男人们大多负责外出狩猎动物,为家族提供肉食;女人们则是负责采集周围一切食物。早期人类性成熟的年纪在14岁到16岁,他们的生命周期也很短,大部分的人在十几、二十几岁就死去了。

那么,在原始状态下,是否存在男女不平等的问题呢?上面我们说过,女人负责采集一切能够食用的食物,例如植物的根块、浆果、蛇类、坚果、水果和野菜等等,这些食物的多样性和易采集性决定了她们收获的食物远比男人们的多。尽管男人们提供的肉食非常珍贵,但是女人的生育能力,以及抚育小孩的能力,决定了她们的地位与男人们的平等,女人甚至还享有极大的权力。

不仅如此,在部落成员中,他们也有着极为亲密的血缘关系,每个人之间都有一条无形的纽带,称为对他人的责任。在寻找食物,或是狩猎的过程中遇到强敌,或是遇到恶劣的天气,他们都会义无反顾地相互帮忙。

也许你会对神话传说的来源产生疑问,但这一切的源头皆来自我们的先民。早期人类对大自然的畏惧,是因为他们对干旱、洪水,或是某一天他们不能得到更多的食物时,所产生的一种敬畏、期盼的心理。他们并不懂得用大自然的条件去解决一系列的自然问题,于是他们宁愿相信只要祈求大自然,愿望就一定会实现。

尽管我们的祖先对大自然的很多事情无法解释清楚,但他们还是获得了

原始人狩猎图

很多很多宝贵的经验。在很早的时候，没有文字，他们只能够依靠图画，或是口头相传，将一些经验和知识代代相传，甚至传到了我们这个时代。比如说在印度，现在还在利用楝树的树皮、树叶，还有花朵、果实和种子来治疗疾病。有一些远古的密码直到今天，人们才明白它的含义，这些仍然是祖先留给我们的一笔财富。

2 火种！刀耕！

在远古时代的漫长岁月里，由于生产力极为低下，我们祖先的生活来源主要靠采集和狩猎，并根据男女的性别特点从事不同的劳动，男子外出狩猎，妇女采集种子果实，这就是人类最初的分工形式。那时候，如果他们采集的种子果实多，狩到的猎物多，他们就可以多吃一些；如果采集的种子果实少，狩到的猎物少，他们就只能少吃一些，如果采集和狩猎不到种子果实和猎物，他们就只能挨饿。因此我们的先人对大自然的依赖性非常强。

农耕的开启

到了旧石器时代晚期，在长期的采集过程中，聪明的妇女们逐渐发现，种子落在地上后会发芽并结出新的果实，并总结出了一些作物生长的规律，于是就试着把一些作物的种子收集起来，在合适的季节挖坑埋在地下，让它们发芽生长。就这样，人类原始农业开始了。

农业的发明是一个伟大的创举，它意味着我们先人的谋生手段开始由被动变为主动，由被动地依赖大自然的恩赐生活，变为主动管理大自然和向大自然索取食物。虽然当时仅仅是粗陋原始的火种刀耕，但它却标志着人类向文明社会迈出了重要的一步，人类历史从此开启了一个崭新的时代。

这一伟大的创举完全要归功于妇女们的勤劳和智慧，是她们带领先人们主动管理和征服大自然，让生活越来越有保障，越来越美好。

火种刀耕

在远古时期，我们的先人没有现成的农田，他们只能先把森林中的小一些的树木砍倒，再把大一些的树木先去掉树皮，等它们枯死后再砍倒。待这些被砍倒的树木风干后，就用火焚烧，这样在树林中他们就清出了一片土地。他们用棍子或最简陋的石刀掘土，土地松软后，他们再挖出一个一个的小坑，在每个小坑内放入几粒种子，然后再用土埋上，让它们发芽、生长、结出果实。这就是原始的农业耕作方式。这种耕作方式是靠树木燃烧后的自然肥力，让庄稼生长来获取粮食。当一片土地的肥力不足以养活庄稼时，先人们就放弃它，重新去开垦一片。因此，远古时期的农业是迁移式的，又称迁移农业，或者称为"打游击农业"。

刀耕火种

火种刀耕农业的耕作方式非常粗放。往往是在一片土地上种上好几种农作物，不成行也不成垄，庄稼高矮不一。由于缺乏管理，庄稼种上以后就任其自由生长，所以农作物的生长景象极为杂乱无章。

由于多种农作物混杂种植，所以在同一片土地上，不同农作物的成熟的时间是不一样的。当一种作物成熟以后，人们就食用一种。这样，在食用时间上就能够先后交错，避免了庄稼一块儿成熟，吃不完就坏掉、浪费掉的现象。

那时候，由于人们还不懂得给土地施肥，几年后，土地中由焚烧植被留下的灰分营养元素，因作物生长吸收、细菌分解和雨水冲刷等原因，使养分逐年消耗殆尽，当作物再也无法很好地生长、结出果实时，人们便会放弃旧有的土地，再去开垦新的土地。

火种刀耕是一种自给性的自然农业，它仅仅能够最低限度地满足人们的食用需求，几乎没有剩余，所以也就无法进行产品交换。那时候，人们狩猎的工具极为简陋和落后，猎取到的动物很少有剩余，所以人们还很少饲养动物。因此，在人们的营养结构中，蛋白质极为缺乏。

浙江余姚河姆渡遗址出土的骨耜

虽然这种农业生产方式极为落后，但在当时艰苦的自然环境中，它却使人类的生存和发展有了一定的保障。人类逐渐适应和征服自然，并在长期的劳动实践中不断总结和积累生产、生活经验，缓慢地推动着人类文明向前发展。

世界各地的农耕发源地

早在石器时代，在西南亚一带的伊拉克和巴勒斯坦地区，我们的先人就已经开始栽培大麦和小麦，这在人类历史上是最早的农耕文明。在这里，考古学家们在年代最久远的农业村落里，发现了远古时期的石镰、石斧、石臼和谷物等。这些宝贵的文物足以证明：早在公元前10000年至公元前9000

年，这里的先人们就已经开始在从事"刀耕火种"的原始农业了。接着，大约在公元前6000年至公元前5000年，在东亚、南亚地区，由于雨量充足，气候温和，土地肥沃，也逐渐过渡到原始农业时代。在中国的黄河中游仰韶文化区，早在公元前5000年至公元前3000年，人们也采用火种刀耕的方式种植粟和黍。中美和南美地区，也是一个独立的农耕发源地，只是起步略晚。在中国云南，在公元前1260年至公元前1100年的商朝后期新石器时代，也用刀耕火种种植稻子。

随着原始农业的稳定和发展，在世界的农耕地区，很快出现了文明中心。在这些文明中心，手工业、商业和航海业等也随之兴起和发展，人类社会便逐渐步入了一个五彩缤纷的世界。

农作物的故乡

尽管农业在各地区的发展时间有早也有晚，但世界各地的很多民族或地区，在培育农作物上都做出了不可磨灭的贡献。西亚最早种植小麦，北非和欧洲也是小麦的故乡；大麦的故乡在西亚和阿拉伯；玉米、甘薯和马铃薯是美洲的印第安人最先种植的；印度人率先种植了棉花（约5000年前，印第安人同时也开始植棉花）；在印度与巴基斯坦的古墓中，考古学家曾经发现5000年前的棉线与棉布的遗迹，这是迄今为止世界上最古老的棉织品遗物，难怪印度人会自豪地称印度为"棉花的祖国"。

我国在世界农耕史上也做出了不可磨灭的贡献。茶和山药就是我们的先人最早培植的；早在公元前5000年至公元前3300年，长江流域下游的河姆渡人就已经使用骨耜种植庄稼，栽培水稻；谷子的原种其实是我们熟悉的"狗尾草"，是由我们的先人最先培育成功的。西安半坡遗址有大量的谷粒遗迹，证明在六七千年以前，我们的先人就已经在黄河流域种植谷子。在我国

古代，谷子是最重要的农作物。我们平时常说的五谷中，谷子就居于榜首。直到现在，我国的谷产量在世界上仍然占居首位。在漫长的历史岁月里，谷子不仅养育着我们炎黄子孙，还被传到了阿拉伯及欧洲的很多国家。

大豆的故乡也在我国，它是由一种野生豆培育而成的。在古书中，大豆被称为"菽"。在我国的西南地区，我们的祖先在新石器时代就已经开始种植大豆。目前，我国仍享有"大豆王国"的美誉。

大约在7000年前，南美洲的印第安人用野草培育成玉米（又称玉蜀黍）。起初，玉米的籽粒又小又少，而且外壳比较硬。在长期的种植过程中，人们经过培育和选种，使玉米得到升级和进化。如今的玉米与原始玉米相比，已经有很大的不同。西欧殖民者入侵后，将玉米种子带回到欧洲，并广泛地大面积种植。约16世纪初，玉米传入中国。最初仅在沿海一带种植，后来，又逐渐传入我国的内地。

在人类历史上，在世界不同的土地上，先人们培育出了许多种农作物，滋养着人们，并恩泽了后世。从此，人类的文明史真正拉开了序幕，人们的生活内容也随之越来越丰富。

3 什么是冶金术

在原始社会漫长的岁月里，在极其恶劣的环境下，我们的先人始终与大自然进行着顽强的斗争，他们不断地从大自然中发现和索取可利用之物，并不断地改进所使用的生产工具，推动着人类社会不断向前发展。

发现和利用金属

人类最早发现和利用的金属是黄金和白银。早在新石器时代，在西欧（爱尔兰和法兰西）、北美和埃及等地区，人们就已经开始制造和使用一些黄金制品。由于黄金和白银质地较软，且比较稀有，所以在很长的一段时期里，人们仅用它们做成装饰品。

人类发现和利用的第三种金属是天然铜。它是在新石器时代，人们在采集燧石的过程中无意发现的，颜色呈绿色，被称为孔雀石。当时，人们仅把这种天然铜当作一般的石头，用石斧将其加工锤打，制造成生铜工具。这样，人类就开始使用金属工具来进行生产劳动，生铜工具便是人类历史上最早的金属工具。

人类发现和利用的第四种金属是铁。人类最早发现和利用的天然铁，是从天空中降落的陨铁。古代的苏美尔人称天然铁为"安巴尔"，就是"天降之火"的意思。

冶金术的发明

起初，原始人仅仅把金、银、铜和铁当作是一些具有延展性的石头。例如，易洛魁人把铜称为"红石"。他们用石斧直接将这些天然的金属进行锤打，制造成自己需要的器物和工具。我们将这种制造金属器物的方法称为"冷锻法"。

新石器时代之后，人类进入金石并用的时代。人们在制造和使用金属器物的过程中，发现天然铜遇见火就会变形，而且还会熔化成黄泥浆一样的液体。这些液体漏到火下，冷却后就会凝结成一块红色的铜，这就是纯铜或者原铜。这就是原始的冶铜技术，也是最早的冶金技术。后来，人们人进一步地进行摸索和实践，逐渐学会了将天然铜和天然锡混在一块进行冶炼，铸造出更加坚硬的青铜。青铜是人类历史上最早的人工合金铜。

冶金术的发明，把人类社会推进到了一个崭新的文明时代。金属工具的使用，大大提高了人们的社会生产力，极大地促进了人类社会的发展，同时也大大地改善了人类的生活。

青铜器的铸造和使用

据考古资料显示，西南亚是世界上最早将铜矿石熔炼加工铸成纯铜器的地区。由于纯铜的硬度比不上燧石，所以人们在使用铜器的过程中，自始至终就没能够排斥掉石器，而构成独立的"铜器时代"。我们将这一历史时期称为"铜石并用时代"，又称"金石并用时代"。

青铜是由铜和锡冶炼而成的合金，其硬度远远超过纯铜。由于青铜的熔点比纯铜低，所以比较容易铸造，也比较易于锻出锋利的刃口。青铜外观很美，与石头相比，它更易于制造成工具、武器、器皿以及装饰品等。因此，在很长的一个时期里，青铜成为人们制造上述物品的主要原料。

距今约6000年前，古巴比伦两河流域出现世界上最早的青铜器，当时人们所使用的青铜，大多是从自然界中取得的一些现成的铜锡混合物。

据学者们考证，公元前3000年末的米诺斯文化早期，爱琴海地区的古希腊已经步入青铜时代；约公元前2113年至公元前2096年，西亚两河流域的乌尔第三王朝也步入青铜时代。在中国，大约在夏朝步入青铜时代，并在商代得到更加广泛的应用，青铜被制成了各种生产工具；公元前2040年至公元前1786年，古代埃及的中王国时期也步入青铜时代；公元前2000年初，北意大利也跨入青铜时代的门槛。

○ 铁器的发明和应用

铁的熔点比铜高，它的出现比青铜晚，是人类历史上的一种极其重要的金属。铁的提炼和加工，是冶金史上新阶段到来的标志。

人类最早的铁制刀剑：古埃及的赫梯弯刀

据学者们考证，公元前11世纪，古代印度就开始进入铁器时代；大致在公元前11世纪的荷马时期，古希腊进入铁器时代；约在公元前1058年至公元前525年，古埃及也在后帝国时期进入铁器时代；公元前1000年初的微兰诺瓦文化时期，古罗马进入铁器时代；大致在公元前10世纪末至公元前612年，古西亚在亚述帝国时期进入铁器时代；中国真正进入铁器时代，大约是在公元前770年至公元前476年的春秋时期。

铁的应用给农业发展提供了更加有利的条件。由于使用了铁斧和铁锄，人们不仅可以开垦出大片的耕地和牧场，还大大促进了狩猎业的发展。学者们一致认为，铁在人类生产史上起了最重要的革命作用。

4 第一个城邦

底格里斯河与幼发拉底河流域南部的新月地带，是一块美丽的冲积平原，它有一个非常响亮的名字——美索不达米亚平原。这里土壤松软肥沃，是一块文明发祥的宝地，美丽的苏美尔城邦就诞生在这里。

早在公元前5400年，在这块神奇的土地上，苏美尔人建立起了自己的第一座城市——埃利都。据考古学考证，在幼发拉底河岸边有一座城市——乌鲁克，约在公元前3500年的乌鲁克文化期，这里就已经出现了大规模的神庙和宫殿建筑。在神庙中已经分有神殿、仓库、生活区等，整个城市的制高点是多级寺塔。在这里出土了人类最早文字记录的泥版，根据这些文字记录可以推测，那时候这里的商业交换活动应该是非常频繁。

到了公元前3100年，神庙中有了专门的祭司阶级，表明当时国家已经形成，且国家职能已经有了比较详细的分工，表明苏美尔已进入了一个新的发展时期——城邦文明。

公元前3000年，在两河流域的南部，苏美尔人逐步摆脱原有的氏族部落格局，以地域为原则，建立起城市国家。在这里，曾出现十几个城邦，组成了一个城邦群。比较著名的有埃利都、乌鲁克、拉伽什、乌尔、温玛、基什等。这些小国都是奴隶制的国家，其格局基本上都是以一个城市为中心，再联合周围的村镇，故被称之为城邦。初期的城邦规模都不大，人口也较少，

但都有王、祭司、军队指挥官、法官等，功能十分齐全。

城邦中的神庙从公共祭祀活动场所中独立出来以后，拥有很强的经济实力。神庙雇佣许多自由民和奴隶，这些依附者平时为神庙劳作，一旦爆发战争，神庙就按照国家规定，将这些依附者组成一支军队，为国王去打仗。这样时间一长，神庙的势力就更加膨胀起来，逐步又垄断了商业和青铜制造等重要的手工业，成为全国的经济活动中心。

王室经济与神庙经济的纷争

神庙势力的强大，使以国王为首的王室经济与神庙经济之间，不可避免地产生了矛盾和纷争。但国王是城邦主神的代理人，他就利用自己特殊的身份，逐渐取得了管理神庙经济的大权，最终将神庙祭司击败，并将神庙经济全部纳入到了王室经济之中。至于公共祭祀活动场所里的土地，很早就划归给几个大家族，他们世代沿袭。后来，发生了频繁的土地买卖现象，使城邦土地流失严重，公民的境遇也随之每况愈下。

乌尔塔庙遗址

苏美尔众多城邦的发展历程虽然相似，但每个城邦又各具特色、异彩纷呈。下面就简单地介绍3个具有代表性的城邦，可以帮你大致了解一下两河流域的早期城邦文明。

第一个民主城邦

在早期的苏美尔城邦中,国家的权力主要由恩西、公民大会和长老会议三个管理机构掌握。

恩西是神的人间代理,为城邦中的国王,一般为终身制和世袭制。其主要职责是代神理财和保护公民的福利。他主持召开城邦会议,并掌握军队和司法行政大权,还负责兴修水利和宫室城墙等。

早期的公民大会和长老会议对王权具有一定的限制作用,乌鲁克就是一个典型的民主政治共和国。

《吉尔伽美什史诗》中有一个故事:基什王阿伽派使者前来乌鲁克,向国王吉尔伽美什提出,让乌鲁克人承认他的霸主地位,并甘愿为基什效劳。吉尔伽美什就立即召开长老会议和公民大会,商议是降还是战。国王表达了自己作战的决心后,长老们纷纷反对,并主张投降;而民众却不主张投降,要用武器打击它。吉尔伽美什就根据公民大会的意见,决定准备与基什作战。最终两个城邦议和,结束了战事。从这个故事中我们可以看出,在乌鲁克城邦中,国王个人不具有决定战与降的决策权,当时人民的意志则有比较重要的地位。

由于不断地争霸与战争,王权日渐强大,而祭司贵族的势力却日益衰落,当神庙经济成为王室经济后,祭司贵族受到沉重的打击。就这样,君主政体逐渐形成了。

美国亚述学者克拉默曾在《历史开始于苏美尔》中提出,被西方文明所垄断的民主政治,其实在公元前2800年的近东地区就已经出现了。第一个类似于两院制的"国会"在这里隆重开幕。

奴隶制城邦的代表

1922年，英国考古学家查尔斯·莱昂纳德·伍利在两河南部的乌尔，开始展开了考古发掘，历时13年，发掘出墓穴共计1800多座，其中有17个大型王陵，陪葬极为丰富，而平民的坟墓却简陋狭小、陪葬品少而粗糙。这些墓穴重现了四千多年前的乌尔城邦。

出土乌尔王朝木箱上的画面

在王陵中考古学家还挖掘出了许多贵重的物品，例如黄金短剑、黄金头盔、大马车与马具、七弦琴、船形竖琴等。王后墓中出土了许多黄金饰品、天青石、玛瑙项链等艺术珍品。表明在当时的乌尔，手工业已经相当发达，尤其是冶金业，技艺精湛，令人惊羡。同时还表明，乌尔的商业贸易非常繁荣，因为乌尔本地缺乏金属、木材和石料，需要从其他国家"进口"。在墓葬中还发现了大批的人殉，例如在著名的苏巴特王后墓穴中，发掘出59名殉葬者，充分暴露出乌尔城邦早期奴隶制的残暴性与野蛮性，直到公元前30世纪后期，才逐渐废除了人殉制。

第一个社会改革家

苏美尔还有一个闻名于世的城邦——拉伽什，在这个国家中，出现了人类历史上第一个社会改革家——乌鲁卡基那。

拉伽什位于苏美尔南部，曾称霸200多年。自建立政权以来，拉伽什曾与邻邦温玛发生过多次战争，后经基什王的调解，双方停战言和，并立碑为界。后来，温玛王违约越过国界，并占领了拉伽什的土地。国王卢伽尔安达继位后，不仅夺回被侵占的土地，还向南向北远征，成为一个大霸主。

由于战争连绵不断，导致国内苛捐杂税繁重不堪，老百姓的负担加重，衣食难保。广大人民发动了起义，并推翻了国王。约在公元前2378年，拥立乌鲁卡基那为王。乌鲁卡基那反对暴政，主张恢复城邦旧制。

为巩固自己的政权和地位，乌鲁卡基那颁布了一系列改革诏令，保护平民的利益。他废除了以往的各种弊政，禁止各级官吏豪强欺压百姓，以强凌弱；改善了平民的境遇，提高了平民的地位，扩大了公民的权力。乌鲁卡基那的改革，使城邦中公民的人数增加了10倍。

○ 城邦文明的结束

乌鲁卡基那的改革，使邻邦温玛贵族陷入恐慌，他们联合乌鲁克，重新挑起战争，侵犯拉伽什。公元前2371年，拉伽什城败民亡。

在温玛与拉伽什进行苦战时，北方的基什崛起，国王萨尔贡一世乘机逐步统一南北各邦，击败了温玛。在苏美尔北部，他兴建阿卡德城并作为首都。萨尔贡一世的统一，结束了苏美尔城邦文明的时代，同时开启了西亚中央集权奴隶制国家的新时期。

苏美尔城邦文明，不仅是美索不达米亚早期文明的辉煌篇章，它更是东方大地上，乃至全世界的一颗永远闪耀的璀璨之星。

5 古埃及的秘密

千百年来，古埃及的金字塔、木乃伊、狮身人面像等一个个未解之谜，一直让人们对埃及产生强烈的好奇心。古埃及的秘密到底还有多少？近年来，随着对古埃及的考古发掘和对墓室壁画的研究，科学家们逐渐解开了古埃及层层的神秘面纱，给人们展现出一幅幅真实的生活画面……

○ 表情严肃的人物塑像

一直以来，人们对古埃及人物雕塑的严肃表情都大惑不解，古埃及人难道都不会笑吗？英国考古学家利用X射线揭开了这个谜底。

原来绝大多数的古埃及人都患有牙疼病，蛀牙令他们疼痛难忍，以至于他们无法开怀大笑。古埃及人牙病之所以如此盛行，是因为古埃及人的饮食习惯和饮食结构。

埃及气候干燥，农作物主要是大麦和燕麦，所以古埃及人把麦磨成面粉，制作成各种面点。据记载，古埃及的面点多达100多种。正是这些面点使古埃及人饱受牙疼的痛苦。而这里还盛产椰枣、葡萄、无花果等水果，古埃及人把葡萄酿成葡萄酒，用碎麦片制成啤酒。这些水果和酒类含糖都较高，更是助长了蛀牙的滋生。另外，古埃及人从尼罗河捕食的鱼类等水产品残留在口腔中也易于导致蛀牙。

古埃及人的食物都富含糖分，所以绝大多数人都饱受蛀牙的折磨。

◯ 从服饰看身份

古埃及人的衣着很简单，衣服布料多为透气性好的亚麻。在古埃及，裸露表示没有经济地位，所以儿童通常不穿衣，因为他们经济上不独立，没有自己的财产；仆人、农民、工匠等底层人民通常上身裸露，下身穿裙子；贵族官员通常上身穿短袖圆领衫，下身穿裙子，或者穿一件长衫；女人最常穿的是长衫，通常到胸部，再加上宽肩带。生活中最常见的是白色亚麻衫，染色的衣服一般只有国王、皇族和外国人穿。

埃及人正在制作饰品

上层社会的服饰款式也很简单，新王国时期才有了打摺花边装饰的衫裙。他们的服饰主要靠各类首饰来装饰，如发簪、耳环、项链、手镯、戒指、护身符等，象征着身份和地位。因此古埃及的搪瓷制品、象牙和珠宝镶嵌工艺非常精湛，其中最精美的是用制作景泰蓝的方法加工制成的首饰。

◯ 妇女很牛气

古埃及的妇女与男子一样，享有财产权、继承权、诉讼权等权利，这些权利通常从婚姻中体现出来。

古埃及人认为，婚姻是男女双方的事，只要当事人乐意就行。但婚姻主

要也是父母之命、媒妁之言。古埃及人结婚时，新郎和他的亲戚朋友要到女方家迎娶，新娘出嫁会带着自己的财产。婚后新娘与新郎住在同一所房子，女人结婚后担当家务，变成"女主人"了。象形文字中称她们为"房子的主人"。

古埃及的婚约具有法律效力，有两种签订形式，一种是新郎与他的岳父签订，另一种是由当地官吏主持，且还有证婚人，婚约一式三份，男方、女方、官吏各持一份。这样就保持了婚姻的稳定性和女性的家庭地位。

古埃及人离婚是由夫妻二人处理的，任何一方均可提出，但男子一般会很慎重，因为离婚后，女子不仅要带走自己的财产，还要凭婚前协议平分公有财产。例如，在一份婚约上，新郎给岳父承诺，如果他提出离婚，妻子将会获得结婚时带来的嫁妆和夫妻共同财产的一半，他本人还得挨100大板。

此外，在古埃及，妇女还具有继承权。据记载，瑙纳克特嫁给了有钱人肯赫克泊赫夫，丈夫死后，她就继承了一大笔遗产。

重视死亡

古埃及人很迷信，他们认为人死可以复生。古埃及人认为，人的生命是由"肉身""巴""卡"三部分组成。人死后，"肉身"与"巴"仍留在世上，而"卡"则去了另一个世界。当"肉身""巴""卡"再次结合时，死者就复活了。因此，古埃及非常重视"死后的生活"。

死者的住所是墓室，通常为象征永恒的石质结构。祭堂中有记载死者生前的生活图画和文字。死者家属常为其准备各式的陪葬品，以便其到另一个世界后衣食无忧。一般上流社会的人死后，其陪葬品与生前的所吃、所用基本一样，有面包、水果、啤酒、葡萄酒、衣服、首饰、化妆品、枕头、权杖等。为确保死者每日所需不断，陪葬品中还有各类服役佣人，例如烤面包、酿啤酒的工人等。而生活在底层的绝大多数平民，生前生活本来就不宽裕，死后根本就担负不起石质墓室，所以他们的墓室大多为泥土结构，称为"灵魂之屋"。

为确保来世旅途平安，亡者还会佩戴护身符，最常见的护身符造型为太阳神的化身——圣甲虫，常常会结合鹰的翅膀一起设计。最珍贵的护身符是黄金护身符，因为黄金象征着太阳神，而黄金颇具耐久性，人们相信它能保护肉身不腐朽，以便复活。

墓葬是了解古埃及人生活的一个重要途径，墓室里的壁画及陪葬品反映了古埃及人的日常生活，它们源于现实又高于现实，反映出古埃及人对美好生活的追求与向往。

6 神秘莫测的国度

印度的地形是不规则的倒三角形,好像一个硕大无比的牛的乳房,印度河与恒河就是流淌的牛乳,哺育了智慧的印度人,也孕育了神秘的东方文明。

◯ 印度文明和恒河文明

在古代印度最早的文献《梨俱吠陀》中,最早提及印度河。因此,如果印度人将恒河称为"母亲河",那么印度河就是他们的"祖母河"。

印度文明发源于公元前3300年左右的印度河流域,它包括哈拉帕和摩亨佐·达罗两个大城市,以及100多个较小的城镇和村庄,印度河文明是以农业文明为基础的,城市文明高度发达。公元前3000年左右,这里已经出现城市并繁荣起来,开始出现了文字,二进制和十进制运算已应用在实际生活中。公元前2000年至其后的二三百年,印度文明突然消失,原因不可考证。

灿烂的恒河文明诞生在肥沃的恒河三角洲平原上,其强盛期为公元前2300年至公元前1800年左右。恒河文明的创造者是达罗毗荼人,在雅利安人入侵前,他们已有了自己的农业文明。雅利安人入侵后,打断了他们的文明创建,开创了后期吠陀文明。这一时期,农业生产和社会经济得到很大的发展,出现了奴隶制国家,婆罗门教兴起,基本奠定了印度文化的基调。

○ 印度文明的"第一道曙光"

20世纪20年代至40年代，在哈拉巴和信德地区的摩亨佐·达罗出土了一批远古的遗址和相似的古物与印章，这就是比雅利安文明更为古老的印度文明——哈拉巴文明，被称为印度文明的"第一道曙光"。

哈拉巴文明时期，已经形成许多个城邦国家，城邦的经济基础是农业，居民主要是从事农业生产，种植小麦、大麦、椰枣、蔬菜、胡麻、棉花等农作物。畜牧业占有相当的地位，主要驯养羊、鸡、水牛、猪、象、骆驼等。狩猎活动已不是最重要的了。手工业已达到相当高的水平，属于成熟的青铜文化，手工业者已掌握金属热加工和冷加工技术。青铜器已广泛用于制造生产工具、武器和家庭生活用具，例如斧、镰、锯、小刀、渔钩、匕首、矛、箭等。

农业和手工业的发展，促成了商业的发达。哈拉巴是重要的经济贸易中心，当时已有海路运输，哈拉巴与两河流域、埃及、波斯、中国和印度南部等国家和地区有着广泛的商业贸易往来。

城市规划也比较先进，哈拉巴和摩亨佐·达罗两座城市在规模、设施、建筑艺术、供排水系统及城市规划和布局上各有特色，并达到了同期的世界先进水平。

哈拉巴文化的文字是象形文字，共400～500个文字符号，但目前还没被破译出来。

后来哈拉巴文明之光神秘熄灭。它的消亡就像它的创始一样，至今仍然是一个无法解开的斯芬克斯之谜。

吠陀时代

公元前1500年前后，雅利安人侵入印度，并征服了当地人，开创了吠陀时代。吠陀时期早期，雅利安人还在氏族部落时期，游牧文明正向农业经济过渡。宗教信仰比较单纯和简单，这时开始出现了种姓制度。妇女也比较受尊重，拥有财产和继承权，可以接受教育并参加讨论各种学问。后期吠陀时期，出现了早期的奴隶制国家。农业经济在国家经济中居于中心地位，农作物的品种有大麦、小麦、稻米、豆类和芝麻。工商业和教育文化都很繁荣。种姓制度已经定型，婆罗门和刹帝利居于统治地位，吠舍的地位逐渐下降，首陀罗的境遇很悲惨。在宗教信仰方面产生了婆罗门教，受其影响，印度妇女的地位明显下降，开始出现了殉夫习俗。

《吠陀本集》

《吠陀本集》包括《梨俱吠陀》《耶柔吠陀》《娑摩吠陀》和《阿闼婆吠陀》。其中最为重要的是《梨俱吠陀》，它大约于公元前1500年至公元前800年间陆续写成，反映了雅利安人入侵印度河流域后，从军事民主制的部落氏族向奴隶制社会过渡的历史面貌，为便于在祭祀中吟唱，婆罗门的祭司们为

《梨俱吠陀》的颂诗谱写了曲调与旋律，就形成了《娑摩吠陀》和《耶柔吠陀》，它们是印度最古老的圣歌与乐章。

《阿闼婆吠陀》则主要汇集了驱除灾害和疾病的名言、咒语和巫术，具有浓厚的宗教迷信和原始巫术色彩，但也保留了古印度的医学、药物学等知识。

"沙门新思潮"

印度历史上出现过一个类似于我国春秋战国时期"百家争鸣"的时代，人们称其为"沙门新思潮"。这一时期，印度的许多哲学和宗教派别争奇斗艳，相互争鸣。

公元前6世纪至公元前5世纪，印度沙门思潮盛行，思想流派非常多，但真正有影响的主要有佛教、耆那教、顺世派、阿什斐迦派和不可知论。其中，佛教和耆那教对后世的影响最为深远。各个思想派别批判反对的矛头一致指向婆罗门教及其种姓制度。

"沙门新思潮"时期是印度历史上的一个转折点，也是一次空前的思想大解放时期，它打破了婆罗门教的垄断地位，促使它不得不进行改革，来适应时代的发展。

佛教的创立

公元前566年，释迦牟尼出生在印度喜马拉雅山麓、恒河之滨的迦毗罗国。他的父亲就是迦毗罗国的君主净饭王，母亲是天臂国的公主，人称摩耶夫人。传说国王与王后非常恩爱，但却多年无子。摩耶夫人45岁那年，有一天，摩耶夫人梦见一只长着六颗牙的白象从她的右肋钻入她的腹内。国王

就让满腹经纶的婆罗门学者解这个离奇的梦。这位学者告诉国王："陛下，此梦大吉大利啊！预示王子降世的吉兆，这位王子还将给释迦族带来光明与荣耀。"国王和王后听了很高兴。转瞬间十月将至，按照传统，王后要回娘家生孩子。

释迦牟尼出生

在路经蓝毗尼花园时，摩耶夫人在园中休息，突然感觉阵痛，此时世间出现了种种祥瑞，"天上向下飘落着奇花，花雨缤纷，香气袭人，空中鼓乐齐鸣，赞歌如同仙乐般优美动听。大地上池出芙蓉，诸宝流出……"太子从摩耶夫人的右肋出来了，更为神奇的是，太子一出生就向东南西北各走了七步，而且每走一步，就踏出一朵莲花，他站在莲花上，一手指着天，一手指着地，大声说："天地之间，唯我独尊！"这时天上出现九龙，喷水给太子沐浴。净饭王闻讯立即带领文武百官迎接夫人与王子回宫，著名的婆罗门学者给王子取名为悉达多。不幸的是王后七天之后就死了，他的姨母把他养大。释迦牟尼自幼聪慧，喜欢沉思默想，受过婆罗门教的良好教育。

成年后的释迦牟尼尽管享尽了人间的荣华富贵与幸福，但他仍然为人的

Part 1 从无到有——开启人类文明探源之旅

一生不能免除生、老、病、死的痛苦而郁郁寡欢。29岁那年，他告别了美丽贤惠的妻子和刚出生的儿子，踏上了漫漫求道路。

释迦牟尼四处游学，拜阿罗逻·迦罗摩与优陀迦·罗摩子为师，学习禅定，到尼连禅河旁的森林中进行苦行，风餐露宿，先是日食一麻一麦，后来七日食一麻一麦，历经六年，搞得他形销骨立，以至于野鸟以为他是一截朽木，在他头上做起了窝。一天晚上，释迦牟尼因体力不支昏死过去，醒来后意识到苦修苦行并不能帮他修成正果。于是他用河水洗净多年的污垢，又吃了牧女施舍的乳粥，精神和体力恢复后，他又继续去云游了。有一天释迦牟尼来到伽耶的一棵菩提树下，跏趺而坐，沉思冥想了七天，终于顿悟了，他悟出了一套摆脱人生痛苦的方法，于是创立了佛教。

佛教教义博大精深，创立教义后，释迦牟尼就开始了传教生涯。在他眼里，众生都是平等的，所以上至王侯将相，下至首陀罗等，都是他传道的对象。他的足迹踏遍了整个印度。公元前486年，释迦牟尼安详地涅槃于婆罗林。释迦牟尼的遗体火化，骨灰结成许多五光十色的"舍利"。后来，有八个国王分取舍利，并建造佛塔保存舍利，来表示对

释迦摩尼佛菩提树下成道

佛祖的敬仰之情。

　　佛祖去世后，佛教传播到世界各地，其发展动力生生不息，逐渐发展成为世界三大宗教之一。

Part 2

杀戮与拯救——帝国时代和它的英雄们

人类的文明之火从世界大河流域的几个民族燃起，然后不停地相互交流，文明的地域逐渐在扩大，文明的内容不断在丰富。但文明的交流轨迹却并不都是和平与友好、统一与辉煌，更多时候则是充满了战争与杀戮，由此就涌现了众多拯救民族与国家的战斗英雄，以及由他们缔造的新帝国。这些曾经显赫一时的英雄和威震四海的世界帝国，现在虽然早已消逝在历史的长河中，但他们带领那个时代的人们创造的文明，却镶嵌在了人类文明的天空，时时发出耀眼的风采。

1 不死军的领袖

从幼发拉底河和底格里斯河向西，一直到地中海，是一片狭长的弧形地带，宛如一轮新月。于是，这片土地就被人们形象地称作"新月地带"。征服"新月"的波斯人是一个英勇善战的民族，他们拥有一支强大的重兵兵种"不死军"，这支军队的领袖是大流士大帝。在他的指挥下，这支军队四处征战，缔造起横跨欧亚非的第一个军事大帝国。

公元前522年3月，担任波斯宫廷总管的高墨达，趁冈比西斯久居埃及之机，谎称自己是当初被冈比西斯秘密处死的王弟巴尔迪亚，骗取众人的信任，篡夺了王权。他当政8个月后，贵族欧塔涅斯用巧计证实他是假巴尔迪亚，便召开贵族会议商讨对策。王族出身的大流士力主果断出击，恢复波斯帝国的统治，得到了其他密谋者的一致同意。于是大流士设法混进王宫，处死了高墨达，取得了初步的胜利。

接下来就是由谁来统治这个偌大帝国的问题。参加密谋的七人同盟为此互不相让。最后，他们就决定让神意来决定他们的命运：他们约定第二天日出时，七人到市郊集合，届时谁的马第一个鸣叫，谁就做波斯王。对此大流士早已蓄谋已久，他耍了个花招，在第二天集结时，让他的马第一个发出了鸣叫。而恰巧此时天出异象，万里晴空却突然电闪雷鸣，其他六人真以为是神选定了大流士做国王，慌忙下马跪拜，俯首称臣。就这样，大流士轻而易举地取得了波斯的王冠。

杀戮与拯救——帝国时代和它的英雄们

大流士荣登大宝时，波斯帝国的国内形势非常严峻，一方面被征服地区的人民发动反抗波斯统治的起义，另一方面国内贵族争权夺利的斗争不断。巴比伦、米底、埃兰、亚述、帕提亚及西徐亚等地的人民纷纷起义。对此大流士丝毫没有手软，斩钉截铁地采用铁与血的武力手段，回击各地涌起的起义浪潮。大流士

大流士一世到大流士三世四位君王的墓地壁画

用两年多的时间，大小战役进行了18次，付出10万人战死沙场的代价，平息了各地的起义，挽救了风雨摇曳中的波斯帝国。

波斯帝国重新统一后，大流士很快便踏上了对外扩张、开疆拓土的征途。他先征服了印度，接着又踏上西徐亚人的地盘，结果无功而返。公元前6世纪末，波斯帝国的疆域扩张至东依印度河，西至爱琴文明的沃土，南至埃塞俄比亚，北抵亚美尼亚。帝国的版图幅员辽阔，种族各异，人口众多，帝国同时受到古代三大文明圈的圣光照耀，文化丰富发达，景象生机盎然。就这样，"铁血大帝"大流士，以铁血的手腕，摘取了世界帝国的桂冠，波斯成为世界上第一个横跨欧亚非三大洲的军事帝国。

大流士以志存域外、气吞八方的气势，用武力横扫天下，但他并没用武力埋葬一切。而是在征服的基础上，针对波斯帝国在高墨达事件中暴露出来

的种种弊端，进行了一系列的改革。

第一，大流士在帝国境内推行崭新的行省制度。

第二，大流士创建由万人"不死队"、2000骑兵和2000步兵组成的近卫军和以腓尼基为核心的舰队。

第三，大流士每年都从行省索来黄金，铸造成金砖储存在皇宫的金库中；还统一了帝国的度量衡，制定了铸币制度，规定中央政府铸造金币，称"大流克"，通行全帝国；行省铸造银币；自治市铸造铜币。

浮雕位于通往波斯波利斯宫觐见厅的阶梯侧墙，中央是大流士一世

第四，为密切中央与地方的关系，方便调动军队，以及国王命令的下达和下情上传，大流士在帝国境内修建驿道。最长的一条是从小亚细亚西部的以弗所到首都苏萨，全长2400公里，号称"御道"。

第五，另外，大流士利用宗教的宽容，来拉拢被征服地区的上层人物，并尽可能遵照各地原有的法律传统，以缓和波斯与被征服地区统治者之间的关系；大流士还开通了尼罗河与红海之间的运河，派斯基拉克调查印度河口，以便建立帝国与印度的海上联系。大流士的统治内外兼顾，手腕灵活，使波斯帝国达到了鼎盛！

2 希腊和波斯打起来了

公元前500年，米利都发动起义，反抗波斯的统治，并向雅典求援。雅典人痛恨波斯人，出兵援助米利都。最后，波斯不仅镇压了米利都起义，还把雅典视为强敌。公元前492年，波斯军沿色雷斯海岸南下，发动了长达50年的希波战争。经过著名的马拉松之战、温泉关战役、萨拉米湾海战等战争，希腊人将波斯帝国的军事力量摧毁殆尽，取得了最后的胜利，而波斯却付出了惨重的代价。希波战争是波斯帝国由盛到衰的转折点。

○ 马拉松之战

公元前490年，波斯军队浩浩荡荡，进驻雅典东北的马拉松平原。此时，雅典的军事经过梭轮改革，已建立起完备的兵役制度，雅典步兵们个个全副武装，组成密集的方阵队形，有骑兵与轻甲兵在左右两翼掩护。雅典的指挥官米太亚德早年曾在波斯军中服役，非常熟悉波斯的布兵方式。战斗开始前，希腊军就控制了各个山头，

马拉松战役

做好了一切战斗的准备。战斗开始后，训练有素的雅典士兵快速冲向波斯军，与他们厮打在一起，米太亚德采用诱敌深入的战略，使雅典军取得节节胜利，仅以192人的牺牲，就抵抗住约6000人的波斯大军，最后把波斯人逼到了海边。

马拉松之战是生死存亡的一战，战后雅典充分掌握了天时、地利与人和。

温泉关战役

公元前480年春天，波斯国王薛西斯御驾亲征，雅典再次重兵压境。雅典任地米斯托克利为主帅，阿里斯德岱斯为副将迎战波斯军。

波斯军占领北希腊后，一路征服一些城邦，直逼温泉关。斯巴达国王李奥尼达率精兵300人和其他城邦的7000人，防守温泉关，他们与百万波斯军展开了拼命厮杀，前两天使波斯军寸步难行，死伤无数，取得了战斗的胜利。第三天，由于叛徒的出卖，李奥尼达背部受敌，力感不支，下令让大军撤退，然后率领自己的300精兵与波斯军进行搏杀，最后全军覆灭。

温泉关一战，为雅典主帅赢得了宝贵的时间。

温泉关战役

萨拉米湾海战

公元前480年的秋天，波斯大军踏上阿提卡，攻下雅典卫城，实行水路夹击，希腊舰队被波斯舰队包围得严严实实。希腊人已经没有退路，只得背水一战。

当时，希腊联军的主帅是泰米斯托克利，他利用有利的地形和希腊战船机动灵活的特点，提出新的作战方案。公元前480年9月，他让男人们把为数不多的小型战舰开进萨拉米海湾后，便派人向薛西斯谎称希腊舰队发生内讧，薛西斯信以为真，认为是歼灭希腊舰队的好机会，于是立即下令全部战舰驶入狭窄的萨拉米海湾。他还坐在埃加罗斯山上亲自督战，并让史官记录这一盛况。当波斯舰队进入雅典布置的包围圈内时，希腊人发出的震耳欲聋的欢呼声在海岸上回荡，把波斯军给吓到了。接着希腊人就全力摇动船桨，整齐地冲向波斯舰队，与敌人展开激烈的战斗。由于海湾水域狭小，波斯庞大的舰船无法施展威力，且舰队的统领此时又阵亡了，波斯舰队顿时一片混乱。波斯士兵不是被砍杀，就是掉进了海里淹死。在泰米斯托克利的指挥下，希腊几十艘战船用镶有青铜的舰头撞击

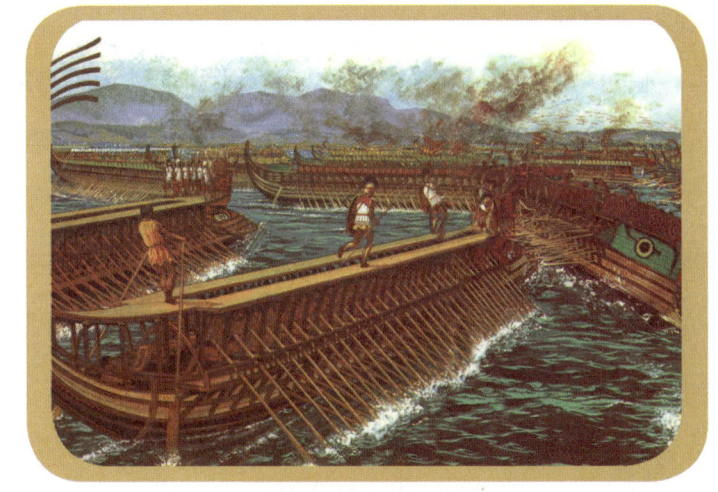

萨拉米海战

波斯战船的腹部，300艘庞大的波斯战舰，连同船上的士兵一起，被击沉在海底。就这样，波斯水军被击溃了，希腊人获得了胜利。薛西斯率领残余水军，灰溜溜地撤回了亚洲。

⊃ 战争结束

萨拉米湾一战，波斯军事实力受到重创。但波斯在希腊还有一支陆军，企图扭转战局。公元前479年，在希腊南部古城邦普拉塔亚附近，希波两军又进行交锋。希腊军队是由以雅典和斯巴达为首的24个城邦组成的联军，而波斯却仅有约10万的军队。波斯主帅玛尔多纽斯激战中被击倒在地，波斯军顿时群龙无首，全线崩溃。与此同时，希腊海军在小亚细亚的米卡尔海角又歼灭了波斯海军。

此后，希腊乘胜追击。公元前449年，希腊海军在萨拉米斯城附近重创波斯军，至此，双方同意讲和，并订立和约，从此，双方互不侵扰，波斯舰队不得再驶入爱琴海，小亚细亚各邦也重新获得了自由。

希波战争历时达50年，最终以希腊人的胜利而宣告结束。战争以后，希腊城邦获得了空前的强盛与繁荣，雅典成为西方文明的摇篮。而波斯帝国却由盛转衰，日渐衰微，最终被马其顿帝国推下了历史舞台。

3 喜欢战争的阿育王

阿育王是古代印度一位著名的政治家、军事家和宗教家。他命途多舛，饱受冷漠，却不甘命运而奋进图强；他雄才大略，征战一生，缔造了古代印度最大的帝国——孔雀帝国；晚年他停止征战，信奉佛教，弘扬佛法，使国民摆脱动乱的苦海，恩泽后世。在古老神秘的印度历史上，他的杰出贡献与知名度是任何人无可比拟的，他是最富有传奇色彩的一代豪杰。

● 不受恩宠的王子

阿育王是孔雀王朝的建立者旃陀罗笈多的孙子，尽管他的母亲——瞻婆罗国婆罗门的女儿很受国王宠爱，但由于阿育王相貌丑陋且脾气暴躁，在一百个兄弟中他成了最不受宠爱的一个。

一天，宾头沙罗在金地园召开集会，并招来所有儿子参加宴会并请相师为儿子们相面、占卜，看哪一个有帝王之相，以便将来继承王位。阿育王自知不得父王宠爱，怕在宴会上多受指责和白眼，便拒绝不去。最后在其母亲百般劝说下才同意前往金

阿育王

地园。

在宴会上诸王子趾高气扬，高傲无比，人人自以为有帝王之相。宴会间他们觥筹交错，开怀畅饮，只有阿育王垂头丧气，呆在一边。相师发现阿育王最有帝王之相，然而他知道宾头沙罗最宠爱长子苏深摩，便向宾头沙罗谎称长子最有帝王相。然而谁都不会想到，被冷落在一旁的阿育王在将来会继承大统。

王位之争

不久，咀叉始罗国在西北边境发动叛乱，阿育王受命前去镇压，却没有得到宾头沙罗军事装备和粮草的支援，而咀叉始罗国又民风凶悍，桀骜不驯，难以安抚。但是，阿育王坚韧不屈，英勇地赶赴沙场。出人意料的是，咀叉始罗国之所以发动叛乱主要是由于孔雀帝国所派的地方官员过于残暴，所以听闻阿育王到来，人皆夹道欢迎。于是阿育王兵不血刃地平定了叛乱，也获得了朝野的一片赞誉，他一下子威震四方。

宾头沙罗晚年，咀叉始罗再次爆发叛乱。为了让长子苏深摩也能获得一些功勋以巩固王位，宾头沙罗派苏深摩讨伐咀叉始罗。但苏深摩却陷入苦战，宾头沙罗闻听"即生疾病"，欲派阿育王接替苏深摩，可是以罗崛提多为首的朝中大臣们拒不执行他的命令。宾头沙罗病情加重，阿育王趁机借帝王的名义发号施令。宾沙罗死后，他抢先继任王位。苏深摩带兵企图夺取王位，惨遭失败。随后阿育王一一平定其他王子的叛乱，杀死了除他弟弟之外的所有兄弟，巩固了自己的王位。

开疆拓土

阿育王在还是王子的时候，就以其杰出的军事才能折服朝野。他曾征服过包括咀叉始罗、怯沙国，乌贾因和尼泊尔等在内的广大地区。在他继位之后，其工作重心主要放在了平息叛乱和扩大疆土上。经过几年艰苦的征战，阿育王建立了东起布拉马普特拉河，西抵今巴基斯坦西境及阿富汗的一部分，北迄迦湿弥罗，南达佩内尔河的古代印度最大帝国——孔雀帝国。作为帝国的第三代继承人，阿育王统一古印度、建立庞大的孔雀帝国，成为印度史上一个传奇。

巩固政权

即位之初，由于众臣不服，阿育王借故杀死五百大臣和五百宫女，又设立"人间地狱"，以威慑群臣。

公元前260年，阿育王率军进攻羯陵伽，遭到羯陵伽军民的殊死反抗。经过数次血战，阿育王终于攻下羯陵伽，并进行了残忍的大屠城。

当阿育王走进羯陵伽城时，看到血流成河、横尸遍野的悲惨场面，受到极大的震撼，充满罪恶感的阿育王在高僧优波及多的感召下，皈依了佛教。

后来阿育王逐渐改变残暴政策，推行他从佛教中领悟的"大法"。"大法"对内推行仁政，主张对臣民"慈悲、慷慨、真诚"。同时他还引进草药，修建路桥、水利等工程以利民生。阿育王还进行宣教旅行，向僧

阿育王与佛教

侣和老百姓施赠钱财，宣扬"大法"。

此后，阿育王在全国大力弘扬佛教。一方面他在全国各地广建寺塔，优待佛教徒；另一方面派遣很多僧侣团、大丞外出传教，促成了佛教的繁荣。此外，阿育王对其他宗教采取宽容的政策。针对当时教派纷杂、宗派对立的局面，他极力缓和各个教派的对立情绪。他宽容的宗教政策为以后印度历代开明君王所效仿。

由于阿育王强调宗教，政治上宽容和实行非暴力主义，他赢得了极高的威望，在民众的欢呼声中，他统治印度长达41年，他统治的时期成为古印度史上空前绝后的强盛时期。

卓越的成就

阿育王的"大法"在治国方面成效卓越。他结束了印度自十六国以来300年战乱频繁的动荡时代。在他统治期间，国内未曾出现大规模战争，为印度人民创造了40年的和平。在阿育王统治时期，印度农业迅速发展，手工业行会渐成规模，使得当时印度制作工艺达到较高水准。同时阿育王还统一并规范国家的税收，保障国家经济快速发展。阿育王时期，印度商业繁荣，对外贸易兴旺，经陆海两路，印度商品畅销欧洲、西亚、中亚等地。

同时印度的建筑艺术也得到了较高的发展。阿育王时期在桑奇地区修建的高大佛塔，现在已成为印度一大名胜。此外，阿育王时期的许多木雕迄今仍然保存

阿育王教法纪念柱

完好，精美无比。最能体现这一时期建筑雕刻高超技艺的是目前瓦腊纳西鹿野苑地方的独石柱，4个半身狮子像刻在柱头上，线条明晰，刻工细腻，图像庄严生动。

在阿育王统治时期，印度的政治、经济和文化均得到了长足发展，取得了辉煌的成就，孔雀帝国进入鼎盛时期，国家繁荣、和平安定，百姓安居乐业。然而，晚年后的他，变得昏聩而迷信，常常滥施财物给佛教僧侣，导致国库空虚，财政吃紧。最后他逐渐丧失权力，抑郁而终，庞大的孔雀帝国也随之没落了。

4 遍地黄金的雅典

公元前443年至公元前429年，伯里克利连任雅典首席将军。在这位古代最卓异的政治家的领导下，雅典的民主政治、奴隶制经济和古典文化均进入极盛的黄金时期，史称"伯里克利时代"。

○ 成为政坛的领袖人物

伯里克利（约公元前495年至公元前429年），出身雅典贵族。他自幼聪敏好学，接受过政治、哲学、体育、音乐等方面的良好教育。他沉着冷静，温文儒雅，拥有出色的口才，是一个天才演讲家。

公元前466年，他正式加入以埃菲阿尔特为领袖的民主派，并逐渐成长为一名具有远见卓识、做事果敢刚毅的青年政治家。公元前461年，埃菲阿尔特与伯里克利联手将客蒙放逐，掌握了雅典的政权。同年，埃菲阿尔特遭到暗杀，伯里克利便成为民主派的领袖人物。

伯里克利

伯里克利坚毅冷静，刚正不阿，廉洁奉公，获得了雅典人的拥护和推崇。公元前443年，伯里克利在雅典政坛中占据了绝对主导地位，自此至公元前429年10多年的时间里，他每年都当选为首席执政官，从而成为雅典的实际统治者。

民主政治的典范

伯里克利时雅典的政治制度是其他城邦的模范。国家的权力掌握在全体公民手中，在法律面前，每个公民都是平等的，每个男性公民都有担任国家公职的机会。一个人担任公职是否称职，取决于他的个人才能和对国家的贡献，任何人都不会因贫穷而在政治上湮没无闻，而贵族会议只能处理一些宗教性质的事务。雅典城邦的最高权力机关和执行机构是公民大会，由全体成年男性公民参加，商讨决定国家大事，如对外战争、粮食供应、国家债务、官员审核和罢免等。陪审法庭是民主制度的监督机构，同时又是最高司法机关。国家的各级官职向一切公民开放，并都以抽签方式产生。

在雅典的民主政治，在古代历史上达到了空前绝后的高度，但也不是没有一点瑕疵。例如，在当时的雅典，妇女、外邦人和奴隶均不享受公民权。再如，直接选举很容易造成暴政，公元前5世纪，著名政治家泰米斯托克和伯利克里就受到过公民大会的责罚，哲学家苏格拉底则是雅典政治牺牲品的典型。

丰富的物质文明

伯里克利时代，希腊经济进入全盛时期。雅典城总人口40万，奴隶达20万，为全希腊之首。这一时期，雅典以小农经济为基础，工商业比较发达。人们大面积种植葡萄、橄榄等经济作物，而后制成酒和橄榄油出口。而粮食

则主要靠进口。希波战争后，从爱琴海到黑海的商路畅通，雅典和比雷埃夫斯港成为国际性商港，雅典与附近的色雷斯、地中海的东部和西部、小亚细亚西部、北非等地建立了紧密的商业关系。此外雅典的建筑业、冶金业、造船业、兵工业也远近闻名。伯里克利还统一了雅典与其他盟邦的货币和度量衡制度，打压海盗，促进了海上贸易的繁荣。仅皮里优斯港，一年的贸易额就达到2000塔兰特银。

灿烂的文化

伯里克利推崇和倡导古典希腊文化，他想让雅典成为"全希腊的学校"，并将有才识的人吸引到雅典。当时，希腊最著名的哲学家、文学家、史学家和艺术大师等都聚集在雅典，创造了举世瞩目的成果。

5 斯巴达城的二次战争

斯巴达在伯罗奔尼撒战争中，击败以雅典为首的提洛同盟后，便开始四处推行其霸权政策，引起了各邦的愤懑。同时，为引发希腊内乱，波斯在一旁煽阴风点阴火，把希腊推到了战争的边缘……

○ 寡头政权

公元前404年，伯罗奔尼撒战争后，斯巴达国王吕西斯特拉图留下功臣莱山德尔坐镇雅典，自己回到国内。为巩固对雅典的控制，莱山德尔成立亲斯巴达的傀儡政权——一个由三十人组成的寡头政权，史称"三十僭主"。其头领是克里提阿斯，他是哲学家苏格拉底的弟子，是柏拉图的舅舅。

"三十僭主"依靠斯巴达军队的支持，对外软弱无能，对内施以暴政，谋害民主派人士。据说，当时被谋害的雅典人数，比伯罗奔尼撒战争最后10年在战争中死的人数还多。为防止公民反抗，僭主们还极力压制公民的权力，限定雅典的公民人数为3000人。因此，为躲避迫害，许多雅典人逃到了邻近城邦。

公元前403年，在海外流亡的雅典人组建一支武装军队，打回雅典。在斯巴达军队的援助下，克里提阿斯与起义军展开了激战。"三十僭主"率领的军队将士早已不满政府的统治，军心涣散。而起义军则士气高昂，一举击溃了"三十僭主"的军队，攻下雅典军事重地庇雷埃夫斯港。

此后，在一次高地争夺战中，克里提阿斯战死。雅典人要求处死三十僭主。大多数僭主畏惧起义军，仓皇外逃。

斯巴达国王与起义军进行谈判，最终达成了和解。根据协议，流亡国外的雅典人返回故土，废除了"三十僭主"的统治。

⊃ 内外交困

除在雅典实行僭主统治，斯巴达还凭仗强大的军事力量四处征讨扩张领土，几乎囊括希腊全境。斯巴达还干涉各城邦的内政，在许多城邦扶植并派兵维持寡头政权。他们还大肆掠夺战败城邦的财富，征收附属国繁重的赋税。

斯巴达对内高压政策，激起了希腊诸邦的强烈愤恨，他们日夜盼望摆脱斯巴达的奴役。这为城邦之间的战争埋下了导火索。对外，在伯罗奔尼撒战争期间，为了获取波斯的财力支持，斯巴达以胜利后割让小亚细亚沿岸的古希腊城邦为条件，获得了波斯的财力支持。可战后斯巴达却迟迟不肯兑现，引起波斯的不满。

公元前404年，波斯国王大流士二世去世，他的两个儿子为继承王位发生了争斗，长子阿尔塔薛西斯二世最终获胜。幼子居鲁士向斯巴达求援。斯巴达国王阿革西拉乌斯出兵援助，由此得到了大笔的酬金。不久，居鲁士阵亡，波斯王阿尔塔薛西斯发誓要踏平斯巴达。

⊃ "科林斯战争"

公元前399年，为争夺小亚细亚，波斯与斯巴达发生了战争。波斯连连失败。波斯人就转换战略，转而利用希腊内部对斯巴达霸权的不满，一面挑拨离间，一面收买不满斯巴达独断专横的科林斯、底比斯等大邦。

杀戮与拯救——帝国时代和它的英雄们

得到波斯的金钱援助,雅典、科林斯、底比斯等古希腊城邦组成反斯巴达同盟,公元前395年同盟向斯巴达宣战。主战场在科林斯进行,史称"科林斯战争"。

期间,雅典利用波斯提供的资金修复长墙,重建舰队,科林斯和底比斯的力量也迅速壮大。公元前394年,在小亚细亚的克尼达斯海角,反斯巴达联合舰队击垮了斯巴达的舰队,从而结束了其海上霸权。

波斯人看到希腊城邦,特别是雅典日益强大,开始感觉不安,又转而支持斯巴达。迫于波斯的压力,反斯巴达联军同意停战。公元前387年,斯巴达与波斯缔结了《安塔达斯和约》,和约规定,小亚细亚沿岸各古希腊城邦及塞浦路斯岛均属波斯;除斯巴达领导的伯罗奔尼撒同盟外,其他古希腊同盟解散。

斯巴达战争场面

这样,为苟延霸权,斯巴达出卖了小亚细亚的古希腊城邦,使从前古希腊人的败将波斯,反成为古希腊人命运的主宰者。古希腊英雄在希波战争中浴血奋战换来的荣誉和胜利,被斯巴达人毁于一旦。

6 凯撒大帝

凯撒的一生可以说是一个传奇。他胆识卓越，才华出众；一生征战四方，杀人无数。尽管英雄的结局带有悲剧色彩，但是他的传奇事迹却永载史册，供无数后人敬仰，他被罗马人称为"祖国之父"。

ᐅ 非凡的凯撒

公元前2世纪后期，罗马政治危机四伏，社会矛盾尖锐。在这动荡不安而又英雄辈出的年代里，凯撒诞生了。公元前102年，凯撒降生在一个古老而高贵的世家，显赫的家世注定了他将来的赫赫权势。

凯撒自幼接受的是罗马贵族式传统教育，他头脑灵敏而又勤奋好学，他涉猎广泛，哲学、历史、地理、法律无一不通，他还特别喜欢希腊文学。他还接受过军事技术方面的教育训练，并且造诣颇深。同时他的马术、剑术也非常出色。可以说他文韬武略，智勇双全。

凯撒年轻时就与民众派站在一起，凭着卓越的领导才能，他成为民众派的领袖。公元前82年，在内战中取胜的苏拉以铁血政策清理民众派成员。为了避难，凯撒只能离开罗马前往东方。

公元前81年，凯撒担任小亚细亚行省总督侍从。总督塞姆斯派他去提尼亚招募船只，他出色地完成了任务，显示了他卓越的外交才能。后来他在米提勒那战役中又立下战功，展现出了卓越的军事天分。

杀戮与拯救——帝国时代和它的英雄们

苏拉去世后，凯撒回到了离别已久的罗马。公元前75年，凯撒再次回到东方的罗德岛学习雄辩术，第二年回到罗马担任祭司。两年后，在一次选举中，凯撒得到了第一个通过选举产生的职位——军事保民官，由此进入政界。公元前70年，32岁的凯撒被选举为财务官。第二年，他在西班牙做总督的副手，管理财政。公元前65年，凯撒当选为市政官，次年成为法官，主管审理谋杀案件，又过两年成为大法官，此时他的地位仅次于共和国最高长官——执政官，地位已今非昔比。

凯撒大帝

公元前61年，凯撒任西班牙总督。一到利比里亚他就发动战争，讨伐独立部落。他指挥的军队所向披靡，收缴战利品不计其数。凯撒将战利品全部上缴国库，在当时的元老院得到很高的声誉。

○ 前三头同盟

数年的积累让凯撒在政治上和军事上均有了相当的实力。公元前60年，凯撒在森都利亚被选为罗马共和国执政官，成为罗马最高行政长官，此时凯撒年仅42岁。

尽管成了罗马的执政官，但凯撒除在游民阶层有巨大的影响力外，别的政治资本几乎没有。因此，他迫切需要组建自己的同盟，来巩固执政地位。

当时，克耐犹斯·庞培在军事上有巨大的权势，罗马首富马古斯·克拉苏在富人骑士阶层有很大影响力，凯撒与他们二人均受到把持元老院的贵族共和派的排挤。为了得到庞培的军事声望支持和克拉苏的金钱支持，凯撒

便想方设法与他们二人结成了一个稳固的铁三角，历史上称为"前三头同盟"。他们订立盟约之时，明确其目的是将"使这个国家的任何一项措施都不得违反他们三人之一的意愿"。

○ 高卢之战

凯撒在其执政官期满之后，竭力争取成为高卢行省长官，因为他想在高卢训练出自己的一支军队，为自己在政治上保驾护航。公元前58年，凯撒挥师北上，前往社会动荡的高卢，而此时日尔曼人也越过莱茵河，对高卢虎视眈眈。

在高卢的第一年，海尔维基人意图迁徙进入罗马行省，被凯撒阻止；同年凯撒又赶走了日尔曼人，占领了高卢中部。公元前57年，凯撒在北高卢迎战比利时人，次年又横扫大西洋海岸，至年底基本上吞并了整个高卢。罗马军队沿途大肆掠夺，掳获了数不尽的战利品及奴隶。

公元前53年春，高卢部落首领维辛格托里克斯联合其他各部发动起义，誓将凯撒逐出高卢，起义军一度使凯撒陷入绝境。第二年春天，凯撒设计将起义军包围，并迫使其投降，首领被处死，战俘被卖为奴隶。阿莱西亚城一战，凯撒仅用6万人就击溃了起义军25万人，他由此获得了空前的威望。

在高卢的九年，凯撒为罗马扩张的领土几乎相当于两个意大利的疆域，并给意大利和地中海地区带来四个世纪的稳定，还将罗马文明带到了高卢。后来凯撒将他在高卢的经历用希腊文写成书，名为《高卢战记》。

○ 终身独裁官

高卢之战成就了凯撒，他赢得了相当的声望，他在民间的呼声逐渐超越"三人同盟"的另外两个人——庞培和克拉苏。并且凯撒在高卢训练出一支共和国最精锐的军队，而这支军队只听命于凯撒。凯撒的强势刺激了克拉苏，公元前53年，克拉苏发动"安息之战"，却在卡莱战役中一败涂地，自己也被安息人杀死。此时元老院借机拉拢庞培，凯撒与庞培的关系破裂，"三人同盟"也不告而破。

公元前49年1月，凯撒进入罗马城，要求元老院任命他为独裁官。凯撒这一出乎意料的举动惊动了元老院，但迫于凯撒的威势，元老院不得不顺从凯撒的意愿。兵不血刃地夺取罗马政权后，凯撒对政敌采取了怀柔政策，赢得了一部分元老贵族骑士的支持。

当年秋天，凯撒进攻西班牙，迫使庞培两个部下的军队投降，使自己后方安稳。公元前48年6月，凯撒在法萨罗击败庞培，庞培逃往埃及后被杀。凯撒又顺势进攻埃及，扶植被驱逐的埃及女王娄巴特拉七世上台。两年后，凯撒平定了阿非利加的庞培势力，又平定了庞培之子在西班牙的抵抗。

公元前44年，凯撒成为罗马终身独裁官，掌握执政官保民官大祭司等职位的职权，又掌握着元老院议员的选举罢黜权。凯撒的副手安东尼和多拉贝拉又掌握着议会的表决权。此时凯撒在罗马大权专握，却又不肯称帝。

凯撒在罗马制定并实行了一系列改革措施，短短几个月的时间，就将动荡不安、伤痕

凯撒被刺

累累的罗马变成了一个繁荣昌盛、思想开明、自由平等的国度。

然而，由于触动了太多贵族的利益，当年3月15日，凯撒被人暗杀，年仅58岁。遵照遗嘱，凯撒姐姐的孙子屋大维继位。后来，屋大维在凯撒奠定的基础上，彻底缔造了一个强大的罗马帝国。

凯撒的丰功伟绩，在历史上留下浓墨重彩的一笔。由于他传奇的一生，人们把他列入众神之列，称他为"神圣的尤利乌斯"。而在历史上，人们习惯称他为"凯撒大帝"。

Part 3

孤单的文明——中古时代的那些秘密

中古时代留给后人的印象是一个黑暗的时代,这个时代人们被可怕的疾病、频繁的战乱和一次次的劫掠所折磨。教士们指责人们的同时,也指出忏悔是唯一的出路,但却只能给予死后的安宁。而沙漠上的一支游牧民族,在他们先知的呼唤下,瞬间拔地而起,并建立起崭新的霸权。他们战无不胜、锐不可当,一代皇帝束手无策,古老的帝国好像走到了尽头。

但在这个绝望的时代里,人们并没有坐以待毙,也没放弃希望,他们依然生生不息,孕育着欧洲未来的文明,新纪元的太阳正在冲出弥漫的黑暗,冉冉升起,并放射出第一缕曙光。

1 野蛮人来了

正当拜占庭国王征服强大的萨珊波斯帝国，将自己的统治推向顶峰时，被罗马人和波斯人视为野蛮人的阿拉伯人，却将圣战的矛头指向了拜占庭。拜占庭从此就进入了一个内忧外患、兵荒马乱的时代，一代又一代的皇帝竭尽自己的全部力量，来保卫自己国家和王权，也捍卫着动荡不安的欧洲。

叙利亚和耶路撒冷一去不复返

公元7世纪初，拜占庭国王希拉克略征服了萨珊波斯帝国，将自己的统治推上了顶峰。公元634年，新生的阿拉伯政权将圣战的矛头指向了拜占庭。

阿拉伯的第二任哈里发奥马尔，自称是"真主使者的继承人"，他统率着数万阿拉伯大军，以极为迅猛的速度，顺利攻占了拜占庭帝国刚从波斯人手中收复的那些省区，叙利亚行省的重要城市大马士革、安塔基亚和阿勒颇先后落入阿拉伯人手中。

希拉克略闻听大惊，迅速调集5万多人的大军，在皇弟西奥塞多率领下迎战阿拉伯人。公元636年8月20日，在约旦河东方的支流雅穆克河畔，双方展开了激战，把战争推到了顶峰。这一天，炎热风大，尘埃漫天飞扬，非常有利于常年在沙漠驰骋的阿拉伯人进行作战。在这群野蛮的游牧人的

孤单的文明——中古时代的那些秘密

猛烈攻击下，拜占庭军队最终被彻底击垮了。帝国几乎全军覆没，西奥塞多也被阿拉伯人的战刀杀害。从此以后，拜占庭帝国就永远失去了在叙利亚的势力。

公元636年，圣地耶路撒冷被阿拉伯人攻占，在此后的370多年里，这个城市一直被穆斯林掌控。

接着，势如破竹的阿拉伯人一路向东，征服和占领了波斯帝国和拜占庭帝国的美索不达米亚地区，一路北上，挺进亚美尼亚地区，公元640年10月，他们占领大亚美尼亚的德温要塞。同时，他们又进攻埃及。

面对野蛮的阿拉伯人，曾骁勇无敌的希拉克略帝王，却丧失了当年的血性。起初，希拉克略计划坐镇安条克，亲自指挥战事。但雅穆克战役失败后，他失望了，放弃了收复失地的想法，偏居一隅，不再贸然采取军事行动。

中世纪拜占庭帝国首都和东正教的中心——君士坦丁堡

他历经千辛万苦和浴血奋战，从萨珊波斯帝国手中收复的土地，此时却不得不拱手让与阿拉伯人，刚刚回到手中的基督教圣地，却在无奈中再次落

入野蛮人手中。

○ 进攻埃及

公元639年，阿穆尔率领阿拉伯的大军进攻埃及，势如破竹，直到跨在尼罗河罗得洲上的巴比伦堡挡住了他们的去路。

阿拉伯大军对巴比伦堡采取围攻策略，被困无方的亚历山大主教兼总督西鲁斯只好与敌人媾和，答应给阿拉伯人贡税。但希拉克略皇帝却坚决拒绝，判西鲁斯为卖国罪之后将其放逐。但不肯求和的拜占庭人最终还是没能抵挡住阿拉伯人，在围攻巴比伦7个月后，阿拉伯大军高喊着"真主是最伟大的"的口号，攻进了巴比伦堡。很快，他们又继续踏上进攻埃及的征程。

而此时在拜占庭帝国，年幼的君士坦斯继位。西鲁斯重新得宠，他

中世纪的拜占庭士兵

返回亚历山大港，但却与君士坦丁堡脱离宗主关系，宣称替阿拉伯人管理自己的国家。

公元641年11月8日，在巴比伦堡，西鲁斯与阿穆尔签订一个可谓丧权辱国的条约："每个成年人缴纳两个第纳尔的人丁税和以实物缴纳土地税"；"同意不让拜占庭的军队重返埃及，或者企图收复失地"。拜占庭帝国最为丰饶的行省就这样被割让给了阿拉伯人。

公元644年11月，阿拉伯哈里发奥马尔过世，新继任的哈里发奥斯曼召回阿穆尔。君士坦斯二世趁机派一支庞大的舰队，由曼努埃尔率领前去攻打埃及，并一举夺回亚历山大城，把它作为向阿拉伯人进攻的军事基地。闻听此事，哈里发奥斯曼急忙派常胜将军阿穆尔返回埃及。拜占庭军队遭到了惨烈的屠杀，再次败给了阿穆尔，曼努埃尔逃回君士坦丁堡。而亚历山大的民众自愿归顺了阿拉伯人，并再度表明接受让阿拉伯人统治的态度。

亚历山大第二次落入阿拉伯人的手中，埃及也就永远属于了阿拉伯人，这就意味着拜占庭帝国也永远失去了最富庶的粮仓。

转机的出现

君士坦斯二世年轻时，拜占庭帝国在阿拉伯大军的强大攻势下，从埃及到亚美尼亚、小亚细亚、塞浦路斯和北非等地连吃挫折，毫无还手之力。公元655年，阿拉伯人舰队自海上紧逼，君士坦斯二世亲自率领舰队发动里西地区战役，意图将阿拉伯人赶出海滨。然而这场战争拜占庭依然战败，皇帝险些被杀。直到公元656年，阿拉伯帝国发生激烈内讧，拜占庭人借机与阿

拉伯人签订合约，甚至获得阿拉伯的贡金。

公元668年9月15日，君士坦斯二世被刺杀，其次子君士坦丁四世继位。他的登基，对世界历史和对拜占庭帝国历史来讲，都具有里程碑式的重要意义。在他统治的这一时期，阿拉伯人与拜占庭人之间的争斗发生了关键性的转折。

❷ 永恒之王

在爱尔兰的传说中，有一个近乎神话般的帝王——亚瑟王，他的剑被称为王者之剑，而他被称为是永恒之王。传说中，亚瑟王与他的追随者圆桌骑士们在西欧出生入死，骁勇善战，东征西讨，最终建立起一个强大统一的王朝。他们的故事在西欧地区也被广为流传。

● 神秘的身世

亚瑟王究竟是不是确有其人，以及其传奇究竟诞生何处，均无法考证。

传说中，亚瑟王的原型大约生活在公元6世纪左右，他的名字叫亚瑟·潘德拉贡，罗马名叫阿托利斯，是不列颠国王尤瑟王的儿子，他有个同父异母的姐姐叫摩根。他是家族中唯一的男性，但自幼就寄养在普通贵族家里，谁都不知道他的真实身份。

● 成为亚瑟王

尤瑟王过世后，国内形势动荡，梅林建议召集所有贵族骑士，利用石中剑来选择新的不列颠之王，然而无人能拔出石中剑。于是骑士们决定比武选王。阿托利斯没有参加比武的资格，但他所寄养家庭的儿子凯作为家族代表参战。然而凯进入会场后，发现忘记带剑，就请求阿托利斯回家去取。然而阿托利斯回家后发现家门紧锁，家里所有人都去参观比武了。情急之下，阿托利斯跑到教堂前，拔出了石中剑并送到凯的手中。所有的人大惊失色，而

且非常怀疑。于是大家又将剑插回石头内，发现除阿托利斯外，仍然无人能拔出剑。于是，骑士们终于接受了现实，阿托利斯便成为新的王，被尊称为亚瑟王。

○ 王者之剑

年轻的亚瑟王在执政初期，十分依赖于梅林，不列颠在他的统治下空前强大。他扶贫济弱，建立起强大的王国。骑士精神和最早的骑士准则也在此时形成。亚瑟在选王时拔出的石中圣剑在一次战斗后断裂，他非常悔恨。

亚瑟王的雕像

在大魔法师梅林的指引下，亚瑟王来到圣湖旁，发现湖中仙女捧出一把宝剑，交给亚瑟王。这把剑叫作圣剑，又被称为王者之剑，据说是由精灵在阿瓦隆打造的，黄金铸成剑锷，剑柄镶嵌宝石，削铁如泥，因此湖中仙女给它取名圣剑。

梅林告诫亚瑟王尽管圣剑强大，但是剑鞘却更为珍贵。佩戴剑鞘的人永不会流血，因此决不可将其遗失。但亚瑟王最后还是丢失了剑鞘。

○ 亚瑟王的鼎盛时期

从公元1世纪开始，不列颠就处于罗马帝国的统治之下。公元500年左右，日耳曼人的分支——萨克逊人大举入侵，亚瑟王与圆桌骑士分期反击，经过十二次战役后，终于击退了萨克逊人的入侵。最后在巴顿山交战中一举击垮敌军，将所有侵略者赶出不列颠。亚瑟王统一了各部，奠定了大英帝国的繁荣基础。圆桌骑士也成为王国重要的一部分。亚瑟王的骑士最多时有150名，他们在战场上冲锋陷阵，在圆桌上商讨国事。圆桌代表着平等，无论是哪个派系，无论地位高低，只要一坐到圆桌上，都可以自由发言。

随着时间的推移，亚瑟王的领土也在不断扩大。传说，他统治了法兰西，随后击溃日渐衰落的罗马帝国。在罗马大圣堂，亚瑟王接受了主教的加冕，这也是他传奇生涯中最辉煌的一段日子。

英雄落幕——亚瑟王之死

亚瑟王的王后是苏格兰的桂妮薇儿，但他却与自己同父异母的姐姐摩根偷情生下一个私生子，为他取名叫莫德雷德。后来，正是这个私生子发动了叛乱，使王国最终走向了灭亡。

传说，帝国强盛之后，亚瑟王开始将精力花在寻找宝藏上。其手下或被委任或出于自愿，相继离开都城寻找传说中的圣杯。然而大多数人都是有去无回，圆桌骑士逐渐减少，帝国开始走上衰败之路。而此时亚瑟王最优秀的骑士——兰斯洛特与王后桂妮薇儿却发生了私情，得知此事后亚瑟王大为震怒，很多骑士对此也颇为不满。一天，阿雷格威与莫德雷德带领12名骑士潜入王后宫中，抓住了正在幽会的两人。亚瑟王将桂妮薇儿处以火刑，兰斯洛特突袭刑场，抢走桂妮薇儿，后来他逃往法兰西。

亚瑟王因王后被拐而感到耻辱，决定亲征法兰西，临行前他留下高文和莫德雷德管理王国。莫德雷德觊觎王位已久，借此机会他便散布谣言，说国王已经战死，还想强娶桂妮薇儿。亚瑟王闻讯立即赶回不列颠。

最终，亚瑟王用圣剑杀死了莫德雷德，而莫德雷德也刺中了他的要害。此时圆桌骑士只剩下贝狄威尔。亚瑟要贝狄威尔将圣剑投入湖中，贝狄威尔

意识到，这意味着亚瑟王将会死去。他两次去到湖边，都未能下定决心把剑丢入湖中，回去向亚瑟王谎称已经将剑丢入湖中，均被识破。无奈之下贝狄威尔第三次来到湖边，下定决心将剑丢入湖心，此时湖中女人伸手接到剑柄沉入湖中。贝狄威尔回去汇报后，亚瑟王随即便离开了人世。贝狄威尔去了一个偏僻的修道院，在那里隐居度过了余生。

亚瑟王和他的圆桌骑士

后来，王后做了修女，兰斯洛特出家做了修道士，高文因与兰斯洛特对战时留下的旧伤复发而死。这场争斗后，亚瑟王的传说随之终结。

3 拜占庭王国

罗马帝国在查士丁尼时代迎来了最后的辉煌,然而复兴帝国的努力还是以失败告终。对罗马帝国来说,世界帝国的称号已经过于沉重。随着查士丁尼复兴运动的失败,帝国也几乎走向穷途末路。在罗马帝国成为历史之后,拜占庭帝国开始了它的千年历史。然而由于整个七世纪的史料奇缺,因此这一个时代被称为"拜占庭黑暗年代"。

○ 希拉克略王朝诞生

在东罗马帝国的莫里斯皇帝统治期间,整个帝国内忧外患,风雨摇曳。公元602年,百夫长福卡率领一支叛军公然暴动,君士坦丁堡军民又临阵倒戈,百夫长福卡斯便紫袍加身,成为帝国的新皇帝。

然而,福卡斯名不正言不顺,遭到帝国的元老院、大贵族和政府官员的激烈反对,他们迅速挑起内战。此时,萨珊波斯帝国的皇帝科斯洛埃斯二世宣称,莫里斯皇帝的儿子狄奥多西就在他的军中,要求让其继承东罗马帝国,并借此发动战争。福卡斯皇帝受到内外夹击,便对帝国的名门贵族采用了残忍的杀戮,这更加激起了反对的声浪,帝国的气运几乎已经走到了尽头。

就在这样一个恰当的时机,阿非利加总督之子希拉克略适时出现了,他振臂一呼,以一个救世主的姿态登上了历史舞台。

公元609年，希拉克略父子起义，反对福卡斯皇帝，他们振臂一呼，应者云集。公元610年，希拉克略进军占领君士坦丁堡，罗马元老院和民众热烈欢呼，福卡斯皇帝随即被推上断头台。同年秋天，希拉克略荣登大宝，建立希拉克略王朝，开启了拜占庭帝国千年的历史。

希拉克略皇帝率军攻敌

内忧外患，危在旦夕

当希拉克略登上皇帝的宝座时，整个帝国是一片废墟，民生凋敝，国家机构几乎都停止运行。另外，来自外部两大令人心惊胆战的敌人，使帝国受到腹背攻击。

公元614年，斯拉夫人摧毁达尔马提亚地区的首府撒罗那彼，使拜占庭帝国在巴尔干半岛西部地区的控制权与影响力开始走向衰落。

发生在近东的失败最让帝国感到耻辱和痛心。多年来，拜占庭帝国与波斯之间几乎没有停止过战火。公元613年，在安条克地区，拜占庭帝国军队惨遭失败。波斯大军长驱直入，兵临耶路撒冷城下，尽管圣城的守卫者们拼死坚守，与波斯军展开惨烈的战斗，但却无法抵抗强大的波斯人。在围困耶路撒冷三周后，波斯人发动总攻，攻下圣城。波斯大军进城后烧杀抢掠，无恶不作，他们烧焦君士坦丁大帝建筑的圣墓教堂，还掠走了基督教的最高圣物——真十字架。

公元615年，波斯军的先锋队又直逼君士坦丁堡。接着，波斯人又占领了帝国最富庶的省区——埃及，直接严重威胁到首都君士坦丁堡的粮食供应。百姓饥寒交迫，加上国内疫病四起，帝国的命运危在旦夕。

● 希拉克略改革

为挽救风雨摇曳中的帝国，希拉克略大帝展开了一场大刀阔斧的动作和改革。

动作之一是将在北非实行的"总督制"推广到帝国东部各省。他先后组建起亚美尼亚军区、东方军区、普奥西金军区和海上军区，分别派相当于总督的"将军"统辖，这样既掌握了地方军队的最高指挥权，又拥有了新政管辖权。

动作之二是实行军事屯田制。希拉克略大量征召农民入伍，并以土地和田产作为军饷分封给他们，这些应征入伍的农民战时去作战，平时就耕种土地，缴纳赋税，并免除徭役。这样，既为军队输送了新鲜的血液又充盈了帝国的国库，在经济上得到了很大的缓解，为最终反击敌人做好了准备。更重要的是，实行军事屯田制，极大地促进了小农经济的发展，成为拜占庭帝国从奴隶社会向封建社会转变的关键。

除推行改革外，希拉克略还获得了拜占庭教会的支持。教会各派空前团结，将财产捐献给国家以资助希拉克略改造军队。此外高加索的哈萨尔人、阿巴兹格人也被拉拢成为帝国可用之兵。如此，未来的战争在狂热的宗教气氛中吹响了号角。

◯ 希拉克略皇帝的复仇

公元622年4月，希拉克略御驾亲征。东方成为此次行动的目标。战争号角在当年的秋天吹响。

希拉克略战术娴熟，波斯人始终被拜占庭军队压制，并最终在亚美尼亚境内被希拉克略痛击。

公元623年3月，希拉克略又入侵亚美尼亚，攻城略地之后又挥师向南，攻下波斯人的宗教中心干扎克。波斯人的琐罗亚斯德教的火神庙也被摧毁。

公元626年，希拉克略买通阿瓦尔人，拜占庭军队牢牢掌控了其在海上的优势，最终击败了波斯和阿瓦尔人联军，失去盟友的波斯军队只好退回叙利亚。

公元627年12月初，希拉克略率军进抵古亚述帝国的首都尼尼微。

希拉克略 画像

公元627年12月1日，在底格里斯河以东的尼尼微旷野上，希拉克略率大军与波斯人展开了一场决定性的大战。波斯军队大部分阵亡，而残余的骑兵一哄而散。至此，波斯帝国被彻底打败了。

公元628年春，萨珊波斯帝国发生内乱，科斯洛埃斯二世被杀死，其子卡瓦德·西罗埃继位，他与希拉克略很快签署了和约。拜占庭帝国收复了失去的亚美尼亚、美索不达米亚、叙利亚、巴勒斯坦和埃及在内的所有领土。

数月后，西罗埃在临终任命拜占庭皇帝为其子的保护者：其儿子和王位继承人为拜占庭皇帝的奴隶。

公元630年春天，希拉克略率军攻打耶路撒冷。3月，夺回基督受难的真十字架。基督教世界的第一次伟大的圣战以胜利告终。

古罗马帝国渐行渐远

在拜占庭帝国的早期，拉丁语一直是官方的语言。而在帝国的东部省区，绝大部分民众却使用希腊语，拉丁语仅在政府与军队中使用。希拉克略统治期间，希腊语正式成为官方的语言。从此之后，希腊化空前迅速地扩展开来。仅过了一代，拉丁语就几乎不被使用了。拜占庭帝国皇帝的称谓也发生了变化。希拉克略的皇帝头衔也用流行的希腊语"瓦西里"。自此，此前仅用于非正式称呼的古希腊的国王名称，取代了罗马传统的"皇帝""凯撒"与"奥古斯都"等，成为皇帝的准确称谓，并被其后所有的拜占庭帝国的皇帝们沿用。

伴随着文化与政治上的希腊化，古罗马帝国也渐行渐远，拜占庭的历史开始了！

4 海上强盗

维京人给欧洲的历史造成了极为深刻的影响。维京人自北方而来，一路焚烧村庄，劫掠修道院，又驾驶最好的海盗船纵横海洋，他们甚至能够抬着他们的船，徒步将船抬入另一条河流，并由此深入内地，从北海穿越整个法国进入地中海。尽管强壮的维京人有时候带来精美的商品，但更多的时候他们带来的都是暴力。因此，在几个世纪内，欧洲每个海岸和河流都不安全。

维京人海盗

海盗时代来临了

1000多年前，在北欧斯堪的纳维亚地区生活着一个农耕民族，我们称他们为维京人。由于环境严苛恶劣，所以练就了维京人的坚忍勇敢和狂暴善战。维京人将他们的未来寄托于大海，他们从大海出发，去探索未知的土地，寻找无尽的财富和安全的住所。

公元793年6月8日，维京海盗进攻英格兰东北海岸的林迪斯法恩。著名的寺院、主教的宅邸和有名的讲学场所都成为他们袭击的目标，里面的人们或被杀死或被俘虏成为奴隶。消息一出，整个西欧都为之色变。尽管这并不是海盗对欧洲海岸的第一次进攻，但是它预示着一个不幸的事实：海盗时代来临啦！

⊃ 维京海盗的海外扩张

维京海盗们通过侵袭沿海，不仅可以获得大量的金银财宝，而且他们还不用冒太大的风险。因此，海盗越发地嚣张狂妄。他们联合组成的强大舰队每年春天自北方南下抢掠，秋天回去休养生息。后来，维京人就不再急于回家，而是在附近的海湾，建立起他们的冬季据点，以便春天来临后，他们进行袭击。

维京人进行海外扩张的路线有三条。西线是向西挺进，前往欧洲西北部和英格兰东部海岸。东线是经波罗的海进入俄罗斯，继而南下到达伏尔加河之源，再经河流至里海和黑海，经布哈拉、塔什干、巴格达，最终到达拜占庭。南线分为两条：一条是沿西班牙大西洋岸，穿过直布罗陀海峡进入地中海，进攻意大利；另一条是沿莱茵河逆流而上，通过阿尔卑斯山，再沿多瑙河到达黑海西边。

公元8世纪后期，英国进入维京人时代。面对强悍的维京人，英国人只能节节败退，最终求和并支付大量贡品。

公元876年，维京海盗军队进攻韦塞克斯，却在艾丁顿遭到阿尔弗雷德大王的秘密军队的奇袭，几乎全军覆没。

公元878年，阿尔弗雷德大王再次痛击丹麦海盗首领古特伦的军队，最

终阿尔弗雷德大王在谈判中使海盗接受了"分土而治"的协议。根据协议，海盗控制了英格兰北部和东部一带，这也成为维京人殖民地中最富饶的一片地区。

公元899年，阿尔弗雷德大王去世，维京海盗卷土重来。

○ 巴黎之围

维京海盗进攻英格兰的同时，欧洲大陆也生活在海盗的洗劫和屠戮之下。

公元885年，在首领西格弗雷德的带领下，大批丹麦维京人洗劫完里昂后，又沿塞纳河直取首都巴黎，企图一举攻下法国。

然而巴黎居民并不畏惧屈服。他们将巴黎主教圣杰梅的心脏和骸骨放在堡垒周围，以表明与巴黎共生死的决心。海盗头子西格弗雷德希望劝降巴黎人，能够让他们在塞纳河上自由地通行。然而巴黎的长官厄德伯爵拒绝了这一要求。于是维京海盗水陆并进，大举进攻巴黎。

由于军民的顽强抵抗，大批的维京海盗被杀死、烧死。维京海盗放火烧城，然而并不能让堡垒中的巴黎军民屈服。久攻不下的海盗决定围困巴黎，企图用长期的围城让城堡不攻自破。大部分维京人趁机长驱直入法国，部分人继续围困巴黎。此时巴黎城内粮食短缺，军民已近绝境。

"胖子"查理得到消息后，日夜兼程，急忙赶回巴黎，但他始终没有占据上风。最终国王只得以700磅黄金作为送别礼，与维京人讲和请求他们离开。

Part 3 孤单的文明——中古时代的那些秘密

◯ **巅峰时期**

公元10世纪末期，八字须王斯汶成为丹麦的海盗之王。他打败了争夺斯堪的纳维亚的对手，继而将注意力放在西方。公元1013年，丹麦王斯汶率领舰队亲征英格兰，迅速拿下伦敦和其他各郡，英王埃塞尔雷德宣布放弃王位。斯汶于是将英格兰纳入势力范围，成为"北方的凯撒"，英国就此进入丹麦统治的时代。斯汶死后，他的儿子卡努特于公元1016年率领舰队远征英国。一年之后，卡努特加冕登基，成为整个英格兰的国王。后来，卡努特又成为丹麦国王及挪威国王，又将势力延伸向瑞典，将挪威、英格兰、苏格兰大部和瑞典连在一起建立起一个大帝国，他也被称为"卡努特大帝"。公元1027年复活节，卡努特王作为神圣罗马帝国皇帝康拉德加冕礼的贵宾和见证人，与康拉德在圣彼得教堂走廊漫步。这也标志着海盗们最大的胜利，也是海盗事业的顶点。公元1035年11月，卡努特王在夏弗特斯堡仙逝。

维京海盗的平庭战舰

◯ **维京海盗时代的结束**

卡努特王死后，英格兰和挪威相继摆脱丹麦的控制宣布独立。

公元1066年初，英国国王爱德华去世，其内兄哈罗德·古德汶继位。为

争夺王位，挪威国王哈德拉德对英国发动了远征。同年9月，英国国王哈罗德率军与哈德拉德在约克附近的福尔佛门德进行血战，双方死伤惨重。

然而哈罗德带领援军及时赶到，通过弓箭与强袭的双重打击，迅速击溃挪威军队，哈德拉德归西。最后，哈罗德允许仅剩24条舰船的挪威军队离开英国，而曾创造过中古欧洲传奇的维京海盗也就此逐渐走下历史舞台。

5 佛陀的故乡

古老神秘的北印度，典雅而圣洁，这里是佛教的创始人释迦牟尼诞生地，佛陀的故乡。在孔雀王朝和笈多王朝覆灭后，在北印度又出现了一个统一的帝国——戒日王朝。它是印度最后一个由本土人缔造的帝国，但这个帝国的存续全靠其缔造者。戒日王去世后，帝国便迅速土崩瓦解。

○ 戒日王朝

在笈多王朝瓦解之后，印度又一次陷入四分五裂的局面。北印度的诸多王国中出现了两大敌对联盟——萨奈沙的普西部第王朝和曲女城穆里克王朝联姻结盟，对抗孟加拉的高达族国王萨桑卡和马尔瓦的提婆·笈多联盟。公元6世纪初，萨桑卡和提婆·笈多联合进攻穆里克王朝，穆里克国王格腊哈伐尔曼被杀，他的妻子罗伽室利，也就是普西亚布蒂王朝国王波罗羯罗伐弹那的女儿，不幸被俘。波罗羯罗伐弹那的儿子和继承人罗伽伐弹率兵去为自己

戒日王朝象兵

的姐妹报仇。他击败了提婆·笈多，但却遭到萨桑卡的暗杀。这样，戒日王就被推上了历史舞台，他是罗伽伐弹那的弟弟和继承人，他誓为哥哥报仇，便与迦摩缕波结盟，共同攻打高达国王萨桑卡。

与迦摩缕波结盟之后，戒日王救回了自己的姐姐。回到战场后，他更加英勇，击败萨桑卡，并收复了曲女城。此后，戒日王与姐姐罗伽室利共同治理穆里克王国。公元612年，萨奈卡与穆里克合并，迁都曲女城，戒日王任国王。这一年便是戒日王朝的开端。

之后，戒日王建立象、车、马、步四大兵种，开始发起统一印度的战争。东北印度的迦摩缕波王国和西印度的伐拉比王国相继承认戒日王朝的宗主权；萨桑卡死后，戒日王在摩揭陀建立自己的统治，后来戒日王出兵北孟加拉。公元634年，戒日王进攻南印度遮娄其王朝，但遭遇惨败。这一时期，戒日帝国的疆域东到孟加拉湾，西迄旁遮普，基本上统一了北印度。

短暂的繁华

戒日王仁慈而又勤奋，在帝国建立起一整套有效的官吏阶级体制。大臣会议辅佐戒日王进行统治，而副王及诸侯官吏则统治边远各省。

印度的封建制度在当时得以进一步发展及确立。原则上，戒日王朝的土地仍归国王所有，称为"王田"，国王有权处置田地。农民作为土地的劳动力，可以被戒日王封赐及转让。然而农民赋税很轻，只需缴纳六分之一的收获。

在戒日王统治期间，曲女城成为北印度的首要城市。曾繁华一时的孔雀王朝都城华氏城与之相比也黯然失色。据玄奘描述，曲女城占地广阔，城防坚实，拥有100个佛教寺院及200个天祠。

此外，戒日王十分赞赏学术。王室领地四分之一的岁入都用来奖励学者

Part 3 孤单的文明——中古时代的那些秘密

和文人。世界著名的佛教研究中心那烂陀寺曾接受过他大量的捐款。戒日王本人也是个出色的文学家，其诗歌《八大灵塔梵赞》，剧本《妙容传》《璎珞传》和《龙喜记》现仍流传于世。

○ 戒日王与大唐来的圣僧

戒日王祖先崇拜太阳神，而其本人则信仰婆罗门教湿婆神，他的姐姐罗迦室利信仰佛教。也许是受他姐姐的影响，他对佛教采取宽容和鼓励的态度。公元630年，一位四处瞻仰佛教胜迹、访问古寺求经念佛、足迹踏遍印度各邦国的高僧来到印度。他就是中国家喻户晓的唐僧——玄奘。

玄奘刻苦钻研印度佛教经典，受到了印度各界的尊敬和重视。东印度的迦摩缕波那国王鸠摩罗邀请玄奘宣讲大乘教义，然而玄奘思归大唐，拒绝邀请。鸠摩罗请玄奘心切，不惜动用武力，威胁玄奘前往讲学。戒日王听说玄奘在鸠摩罗处讲学，也派使者邀请玄奘，双方甚至为争玄奘发生了冲突。最后经双方协商，决定在曲女城举办学术辩论大会，邀请玄奘主讲。

前往曲女城观看的人摩肩接踵。玄奘在会上宣传自己的论见，并回答各方疑问，整整18天无人能够难倒他。在这次佛教学术盛会之后，按照印度传统，戒日王邀请玄奘坐在饰有锦幢的大象上巡游，并向

玄奘

群众宣扬："唐国法师立大乘义，破诸异见。自十八日来无敢论者，普宜知之。"群众听罢欢呼诚服，于是玄奘名声传遍印度。

玄奘在戒日王朝度过8年，与戒日王结下深厚友谊，推动了中印文化交流。公元641年，戒日王派遣婆罗门特使觐见唐太宗，唐太宗也派特使访问戒日帝国。公元643年，玄奘辞别印度返回祖国。他婉谢戒日王所赠的丰厚奖赏，仅带上搜集多年的佛经佛像，经喀什噶尔、莎车与和阗，在戒日王文书的帮助下顺利回国。

玄奘回国后，编撰著名的《大唐西域记》，记载了当时印度的政治、宗教和风土人情，成为考据印度史的重要史料。

"无论怎么样夸大玄奘的重要性都不为过。中世纪印度的历史漆黑一片，他是唯一的亮光。"英国历史学家史密斯曾如此评价这位中国高僧对印度历史的贡献。

Part 4

烈焰下的强权——悲壮雄浑的征服与扩张之歌

穿越历史的经纬，剥落岁月的幔帐，我们眼前会呈现出一曲曲悲壮雄浑的帝国征服之歌：一场场充满血雨腥风的战场厮杀，一个个匪夷所思的传奇人物，一幕幕雄伟壮观的海上探险画面，一卷卷波澜壮阔的文明史话，还有一幅幅触目惊心的人间地狱画卷……一切的一切，犹如灿烂的流星，在历史的天空中一闪而过，绚丽多彩，光耀夺目。

1 黑暗中的光明

1095年，在教皇乌尔班二世的精心策划下，成千上万的基督徒，打着"夺回主的陵墓"的名义，佩戴着十字标志，踏上了漫长的征程，拉开了历史上著名的十字军东征的序幕。自公元1096年至公元1272年，罗马教廷、西欧封建主和大商人先后共发动了九次十字军东征。战争持续了近200年，直到公元1291年才基本结束。这场带有宗教色彩的侵略性战争，尽管给所到之处带来了无尽的灾难与黑暗，但它也像黑夜中闪烁的星星，给当地带来了若隐若现的光明。

十字军东征的序幕

公元1095年的一天，在法国克勒芒的一个露天广场上，罗马教皇乌尔班二世正在发表中世纪最具煽动性和影响力的演讲，他慷慨激昂，挥舞着手臂，号召基督教徒和天主教徒，让他们拿起武器，骑上战马，到东方去。号召他们要从伊斯兰教徒的手中"夺回主的坟墓"，夺回圣城耶路撒冷，进而征服地中海沿岸等地。

教皇乌尔班二世画像

Part 4 烈焰下的强权——悲壮雄浑的征服与扩张之歌

台上的乌尔班二世讲得热血沸腾，台下的人们听得如痴如醉。他们使劲地握住手中的武器，摩拳擦掌，蠢蠢欲动。眼见如此狂热的场面，教皇乌尔班二世不失时机地振臂高呼："夺回主的陵墓！""解救东方兄弟！"整个会场立即沸腾起来。所有的人都涌向了教皇，激动地领取了十字标志。就这样，在教皇乌尔班二世的极力鼓动下，长达200年的十字军东征拉开了别开生面的序幕。基督教徒开始踏上了对东方各地区及伊斯兰教徒地区征服与侵略的征程，他们给当地人民带去了无尽的灾难与黑暗。

◯ 东征的过程

十字军运动历时将近200年，共进行了9次东征，动员总人数达200多万人。

第一次远征在公元1096年至公元1099年，是唯一取得胜利的一次东征，参加征战的人约有10万。骑士十字军攻城夺地，大肆掳掠。公元1099年7月，十字军占领了圣地耶路撒冷，杀死7000人。他们在地中海沿岸建立起若干个封建国家，对当地的百姓横征暴敛，激起了当地人民的强烈反抗。第二次东征在公元1147年至公元1149年，惨遭失败。第三次东征在公元1189年至公元1192年，由于十字军内部矛盾重重，此次远征没有达到目的。第四次东征在公元1202年至公元1204年，十字军利用拜占庭国内的纠纷攻破了君士坦丁堡，进行了三天的血腥屠城。而十字军则以君士坦丁堡为中心，建立了拉丁帝国和两个附庸国雅典公国和亚该亚公国。第五次东征在公元1217年至公元1221年，十字军按惯例沿途掳掠。公元1219年11月，十字军攻破达米埃塔。公元1221年9月，穆斯林又收复了达米埃塔，第五次远征终告失败。第六次远征在公元1228年至公元1229年，十字军于公元1229年暂时将耶路撒冷收回到基督教徒手中。公元1244年穆斯林又将其夺回。第七次十字军东征在

公元1248年至公元1254年，此次十字军遭受瘟疫，其发动者法国国王路易九世被俘，直到公元1254年才被释放。第八次东征发生在公元1270年，此次十字军在路上遭遇传染病，其发动者法国国王路易九世染病而亡，他的儿子兼继承人腓力三世立即下令撤退。第九次东征在公元1271年至公元1272年，十字军由英格兰王子爱德华率领。在阿卡，他与穆斯林签订了停战协议。此后，十字军在东方侵占的领土逐渐被穆斯林收复。公元1291年，十字军的最后一个据点阿卡被埃及军队攻陷，耶路撒冷王国灭亡，十字军东征基本结束。

黑暗的时代

十字军是打着捍卫宗教、解放圣地的名义发起的，但它实际上却是以政治、宗教和经济为主要目的，因此充满了掠夺与血腥，给侵占地带来了无尽的灾难，人民生活在水深火热与黑暗中。

十字军夺回圣地耶路撒冷后，进行了空前的血洗。大批的避难者惨遭屠戮，金银财物被抢劫一空，许多古代艺术珍品惨遭损毁。据《耶路撒冷史》记载，十字军攻陷该城后，对城内的穆斯林进行了惨无人道的大屠杀。为了掠取黄金，十字军竟残忍地剖开死人的肚皮，到肠胃里去找，甚至把死人堆架起来烧成灰，再在灰烬里扒寻黄金。攻占君士坦丁堡后，十字军烧杀抢掠一星期，抢尽所有的金银财宝、丝绸衣物和艺术珍品，将这座繁华富庶的文明古城，变成了尸山火海的废墟。

黑暗中的光明

十字军东侵摧残了伊斯兰文明，沉重打击了伊斯兰世界，并动摇了他们的信心。但对于欧洲，十字军东征则是一个新的起点，它把欧洲从一个黑暗孤立的落后时代推向了一个光明开放的现代世界。

烈焰下的强权——悲壮雄浑的征服与扩张之歌

十字军东侵在客观上打开了东方贸易的大门，促进了西方城市的发展。受其影响，欧洲进行了商业、银行和货币经济的革命，这在客观上又给资本主义萌芽的产生制造了有利的条件。

十字军东侵还大大促进了欧洲军事学术和技术的发展。例如，西方人开始制造燃烧剂、火药和火器；指南针在西方得到了应用；西方海军的摇桨战船被帆船取代等。

东侵促进了东西方文化的交流，阿拉伯数字、代数、火药、棉纸和航海罗盘等就是这个时期传到西欧的。

十字军在东征的过程中，直接接触了灿烂的拜占庭文明与伊斯兰文明，他们从中发现了欧洲已经消失而在当地依然存在的古希腊文化的残存，并小心翼翼地将这些文化遗产带回欧洲，在一定程度上刺激了文艺复兴的出现。

十字军东征

2 渴望翻身的农奴

公元14世纪，英国的社会已经是千疮百孔，人民生活在水深火热之中，一方面生活饥寒交迫，一方面还要负担沉重的税赋。因此，处于社会底层的农奴忍无可忍，渴望翻身。在这种情况下，瓦特·泰勒发动和领导了农民起义。

⊃ 起义爆发

公元14世纪后半期，英国经历了一场黑死病的肆虐，又受到百年战争的摧残，生活在社会底层的人民生活困难、饥寒交迫。为供给对法国作战所需，英国议会决定增加税赋，规定所有14岁以上的英国臣民，每人都要缴纳人头税4便士。到了公元1380年，增加到每人12便士。税吏也从中盘剥，老百姓的负担日益加重，生活在水深火热之中。

瓦特·泰勒起义

公元1381年5月，在埃塞克斯和肯特郡，农民杀掉税吏，拒绝缴纳人头税。6月，全国各地都爆发了起义。肯特郡的农民拥

Part 4 烈焰下的强权——悲壮雄浑的征服与扩张之歌

护约翰·保尔做起义领袖。这时，伦敦市民要求起义军到伦敦会合。埃塞克斯郡和肯特郡的起义军就开始奔赴伦敦。肯特郡的起义军路过梅特斯通时，拥戴瓦特·泰勒为领袖。泰勒是一个泥水匠，他机智勇敢，勇猛善战，曾参加过对法国的战争，非常熟悉军事作战，深受起义军的拥护，因此历史上称这次农民起义为"瓦特·泰勒起义"。

与权贵的斗争

公元1381年6月10日，瓦特·泰勒率领起义军向坎特伯雷挺进，起义军打击权贵，善待百姓，得到当地人民的热烈拥护。瓦特·泰勒派人联络其他地方的起义军，一起直奔伦敦。由于英国军队正忙于对法作战，无暇顾及，所以起义军长驱直入，在6月12日就到达了伦敦，得到了伦敦市民的热烈欢迎。第二天，埃塞克斯郡的起义军到达伦敦，两支起义军立即捣毁法院和监狱，处决贪官污吏和反动僧侣。

起义军迅速包围了伦敦塔，迫使英国国王同意他们提出的条件，无可奈何的国王及其大臣都躲在伦敦塔里不敢出面。直到6月13日上午，理查二世胆战心惊地站在了伦敦塔上，他对塔下的起义军宣布"只要起义百姓回到自己的家乡，国王将会对此既往不咎"，塔下的起义军一看国王没答应他们提出的条件，顿时群情激愤，拒绝后退。理查二世又赶紧派侍从向起义军喊话："只要你们撤退到迈尔恩德广场，国王将会答应你们的所有条件。"起义军以为国王答应了他们提出的条件，就撤退到迈尔恩德广场。

6月14日早晨，在迈尔恩德广场上，起义军向国王提出要求：减轻他们的税赋，允许自由贸易，废除农奴制度，并赦免起义的百姓。为了瓦解起义军，理查二世假装满口答应，并立即颁诏宣布，同意起义军提出的要求。一部分起义军以为满足了自己的条件，当晚便欢天喜地地返回家乡。以瓦

特·泰勒为首的另一部分部分起义军却不以为然，他们渴望得到彻底的翻身，于是就留在伦敦，继续与官僚贵族做斗争。这样，起义军的力量削弱了，理查二世得到了喘息的机会。

惨烈的结局

公元1381年6月15日，起义军与国王继续谈判。瓦特·泰勒向国王提出，废除教会与封建领主的特权，没收教会的财产，并分给无地的农民。理查二世表面上与起义军保持一团和气，暗中却调集军队，准备镇压起义军。瓦特·泰勒疏于防范，仅带了一名随从。而国王却带着一大批暗藏利器的随从，准备制造机会，对瓦特·泰勒下手。到了傍晚，国王的一个随从找茬辱骂瓦特·泰勒，国王也跟着辱骂瓦特·泰勒，还命令伦敦市长杀死瓦特·泰勒。伦敦市长把瓦特·泰勒刺于下马，其他随从蜂拥而上，乱刀砍死了泰勒。与此同时，伦敦城内的贵族军队也在杀害起义领袖，失去领袖的起义军且战且退。各地的军队对起义军都进行了血洗。就这样，轰轰烈烈的起义失败了。

瓦特·泰勒

烈焰下的强权——悲壮雄浑的征服与扩张之歌

○ **深远的影响**

瓦特·泰勒领导的起义虽然被镇压下去了，但英国各地的农民却继续与封建主进行斗争。因此，封建主逐渐改变了原来的剥削方式，废除农奴雇佣制，改为雇佣自由劳动者。直到15世纪，瓦特·泰勒起义军提出的大部分要求才基本得到实现。从此以后，自耕农取代了农奴，成为一支新兴的社会经济力量，英国的社会经济关系也上升到了一个新阶段。

3 人类文明史上的一朵奇花

当罗马帝国日落西山时,拜占庭文化却如日中天。它历经沧桑,从意大利到希腊,再到土耳其的广阔土地上,都留下了灿烂绚丽的身影。它犹如海上的一座灯塔,在黑暗的海洋里为文明指引着前进的方向。

◎ 文明积淀,经典荟萃

从希腊化时代到帝国末日的1000多年岁月里,拜占庭帝国悠久的历史留下了厚重的文化积淀。独具特色的拜占庭文明,既继承了古希腊罗马文明的传统精华,又汲取了基督教和东方文明的精粹,东西兼容,别具一格。

拜占庭文明是帝国时代灿烂的文明之一。它承上启下、引领世界潮流。在生存压力与自身发展的需求中,在与雄踞东方的古中国的交往与对立中,它的科技、建筑、艺术等各方面均达到了空前绝后的境界,让其

拜占庭帝国城墙

烈焰下的强权——悲壮雄浑的征服与扩张之歌

他地区黯然失色，并传播与影响了周边地区，形成了庞大壮阔的拜占庭文明文化圈。

❖ 传承经典，功不可没

罗马帝国分裂后，君士坦丁堡成为新的政治、经济、文化中心，在传承文化与保存经典上做出了不可磨灭的贡献，主要表现有：一是当时整个地中海世界的知识分子均云集荟萃于此，创造了辉煌的文化，君士坦丁堡成为当时欧亚大陆上最重要的文化重镇；二是大量的古典文献和珍贵文物在这里汇聚，成为拜占庭文明发展的物质条件；三是帝国苦心营建的发达而周全的教育系统，使各个阶层的人均可受到良好的教育。

早在公元5世纪，拜占庭文化就已经开始西传，在以后的岁月里还出现了很多次高潮。拜占庭人不愧为古罗马文化的正宗传人，他们不仅自称"罗马人"，而且还尽心竭力地学习罗马文明中的政治制度、法律等，同时还汲取了东方文明的精华，融入自己的生活体验和文化理念，使拜占庭文明独具特色、源远流长。如帝国君主专制下的官僚制度，皇权至高无上体现出东方的文化特点；马赛克插画等艺术表现形式对现代艺术有深远的影响。

❖ 艺术特点，一反常态

拜占庭文化在传承中因受多方影响，因而呈现出不同的艺术特点。从思想来看，它倡导崇尚皇权和宣扬基督教神学，是为统治阶级服务的；从艺术风格来看，它是罗马晚期艺术与东方艺术相融合的产物，具有浓厚的东方色彩。圣索菲亚教堂的圆顶形结构和内部的装饰形式，是最具有代表性的作品，它反映了拜占庭统治者的绝对权威。

受基督教和东方神秘文化的双重影响，拜占庭文明表现出一反常态的抽

象性。拜占庭文化下的艺术品，不仅仅是高雅的艺术欣赏品，更重要的是通过艺术品，可以了解作者所表达的浓郁的宗教思想。因此，拜占庭时期的艺术作品大多以宗教为题材，但也有很多表达人物独特个性的作品，例如君士坦丁堡乔拉教堂的镶嵌画《马利亚的生涯》，就以柔和细腻的色调表现了人物形象的独特个性。

拜占庭帝国经历了1000多年的腥风血雨，曾经创造过种种震惊世界的传奇。尽管它的辉煌令世人惊叹，但经历了种种磨难与侵扰，特别是经过强悍的十字军东征、蒙古铁骑的践踏蹂躏后，拜占庭最终也没有摆脱走向灭亡的厄运。公元1453年，奥斯曼土耳其用强大的武力，征服了这个疲惫不堪的帝国。

圣索菲亚教堂

帝国时代的结束，并没有带走它所拥有的丰厚文化遗产。拜占庭文明这朵人类文明史上的奇葩，对世界及后世产生的重要影响，至今都令世人为之赞叹。

Part 4 烈焰下的强权——悲壮雄浑的征服与扩张之歌

4 马背上的皇帝

一代天骄成吉思汗，生于公元1162年。在他的那个时代，他英勇无比，威名天下。他骑在马背上，用征服让世界认识了自己，臣服了自己，记住了自己。世界风云因他而变换，世界历史也因他而发生巨大的转变。

○ 骤然崛起的帝国

成吉思汗，本名孛儿只斤·铁木真，童年历经的磨难，使其性格坚忍。他曾多次处于生死存亡的关头，但却都奇迹般地活了下来。最不幸的是，在他很小的时候，他的父亲被塔塔尔人毒死，年幼的他不得不担负起家族生存的重任。

公元1178年，铁木真迎娶了父亲生前为他聘定的妻子。可是命运之神却再一次考验这位年轻人。当年，铁木真的父亲从篾而乞惕人手里抢回了他的母亲。可是新婚不久，篾而乞惕人又报复性地夺走了他的妻子，他被迫重新加入了残酷无情的战争中。就是这次的加入，开启和注定了他一生的征程。

成吉思汗画像

91

铁木真打败了篾而乞惕人、塔塔尔人和其他敌人，最终他成为草原游牧民族的可汗。公元1206年，铁木真建立大蒙古国，为自己选择了"成吉思汗"做称呼，在草原上进行了隆重的加冕仪式。

这个骤然崛起的蒙古帝国和它的帝王，犹如早晨刚刚初升的太阳，崭新而明亮，虽然不耀眼夺目，但却注定了拥有光辉灿烂的未来。

征服世界的开始

公元1210年，是成吉思汗成为草原最高首领和其国家建立的第四个年头，48岁的他再也不愿做任何人的蒙古奴隶，就决定要打败自己需臣服的所有对手。在成吉思汗之前，蒙古的最高首领臣服于北方女真人建立的金王朝，而此时的成吉思汗却再也不愿受金王朝的控制，就拒绝向女真的可汗继续下跪叩头。

当女真可汗嘲笑成吉思汗，说他的帝国像一盘散沙时，成吉思汗就用行动回击了他，并让他很快尝到了苦果。1214年，成吉思汗围攻黄金可汗的皇宫，万般无奈的黄金可汗只得与他签订协议，成为成吉思汗的附庸。这样，成吉思汗就成为契丹人与女真人的最高君主。可是，女真人很快就背叛了他们的协议，发动叛乱。成吉思汗挥师重新占领了中都，彻底征服了女真。

征服女真给成吉思汗带来了巨大的财富，同时也让成吉思汗意识到，自己的国家应有自己的商业基础。于是他就向周边的国家派遣使节，希望与它

蒙古骑兵

烈焰下的强权——悲壮雄浑的征服与扩张之歌

们建立正式的商业关系。可是,他的使臣却被花剌子模杀死,成吉思汗受到了莫大的羞辱,决意开始新的征程。一场雄浑悲壮、即将夷平整个世界的龙卷风就这样开始了。

成吉思汗指挥的10万至12.5万之间的铁骑军队,所向披靡,横扫了花剌子模,这给这个刚刚成立12年的年轻帝国带来了前所未有的恐惧。而在13世纪,包括阿拉伯、突厥和波斯在内的伊斯兰国家,不仅是世界上最富有的国家,而且还拥有世界级的文明。因此,蒙古人侵袭的不仅仅是一个伊斯兰国家,还是一个古代文明社会。

征服更广阔的世界

入侵花剌子模拉开了成吉思汗征服世界的序幕。从此,这位骑在马背上的帝王,指挥着他的蒙古铁蹄,离开大漠,开始西征。蒙古人似乎十分轻视富人和有权势者的生命,所到之处,他们就用凶猛而残忍的行为引起当地的恐慌。但更多的恐慌则是,蒙古铁蹄的来如闪电、去如疾风、攻无不克和战无不胜。在征服战争中虽然他们多次面对强大的敌军和固若金汤的城池,但他们却屡次取得空前的军事胜利,而这一切都让他们的对手闻风丧胆。

不断的胜利给蒙古人带来了巨额财富,但同时让成吉思汗意识到,他的帝国离不开征服,一旦暂时停歇下来,他家族内就会出现派系争斗,直接威胁到帝国的生存。另外,战争源源不断地带来先进的商品货物,使他的部众不愿再使用原来的那些简单物品。因此,他必须继续新的征服。

公元1227年8月,成吉思汗率军攻打西夏,消灭了西夏的主力。可是在即将胜利的前几天,他不幸逝世。他留给他子孙的遗愿是:去征服更广阔的世界。

5 君士坦丁堡的最后余晖

公元1453年5月29日，君士坦丁堡被土耳其人攻占。这座被誉为"金色桥梁"的千年古都城市，伴随着东罗马帝国缔造辉煌，又历经艰难。在苦苦挣扎无数岁月之后，最终还是在历史舞台上以哭泣谢幕。从此帝国日暮途穷，被新兴的奥斯曼土耳其帝国取而代之。

◯ 荣耀的历史

君士坦丁堡位于博斯普鲁斯海峡西侧的岬角上，南临马尔马拉海，南北各有一条狭长的峡湾，既是城市的两道天然屏障，又是海上航行要道。更重要的是它沟通了黑海、爱琴海与地中海，成为欧亚两大洲的主通道，具有"金色桥梁"的美誉。

其实早在公元前7世纪，君士坦丁堡就是希腊城邦的一个殖民城市，公元330年，君士坦丁一世挑选它做帝都，它便成为帝国的中心，长久居于尊位。后来，奥斯曼帝国还特意将都城迁到这里。

在西方的城市里，君士坦丁堡持续的辉煌是无与伦比的。但黄金般的地理位置又使它屡遭围攻，命途多舛。很多英明的君主为它浴血奋战，它才得以化险为夷，幸存千余年。

公元7世纪，阿瓦尔——波斯联军围攻君士坦丁堡，希拉克略皇帝力挽狂澜，解除危险；公元7世纪后期，阿拉伯人、保加利亚人乘虚对它展开包

Part 4 烈焰下的强权——悲壮雄浑的征服与扩张之歌

围，在生死关头，利奥三世拯救了它；公元1071年，塞尔柱突厥人企图攻占君士坦丁堡，阿利克赛皇帝求得西欧的援助，开始了第一次十字军东征，但却引狼入室，使西欧人对君士坦丁堡垂涎三尺。公元1204年，西欧人伸出魔爪，占领了这座古城，并进行无情的践踏。公元1261年，当君士坦丁堡重回拜占庭帝国时，帝国却早已名存实亡。

○ 悲剧的开始

公元13世纪，奥斯曼土耳其人兴起，并开始大举对外扩张。公元14世纪中叶，土耳其人征服了小亚细亚西北地区，初步奠定帝国的基础。穆拉德一世继位后，开疆拓土，并很快控制了巴尔干地区，君士坦丁堡危机四伏。

极度虚弱的拜占庭帝国无力对抗强大的敌人，只能守着君士坦丁堡乞和度日。恰巧此时东方的帖

土耳其苏丹穆罕穆德二世

木儿崛起，也将势力伸向小亚细亚地区。公元1402年，两强在安卡拉展开一场战斗，奥斯曼军被蒙古铁骑军全歼，君士坦丁堡因此逃过一劫。

半个世纪之后，奥斯曼帝国的穆罕默德二世精心策划，并与所有可能援助君士坦丁堡的国家签订协约，使君士坦丁堡限于孤立无援之地。他还组建一支庞大的舰队，从海上封锁君士坦丁堡；对陆军也进行了周密部署。他不惜重金，储备了大量的军火、炮弹、巨型火炮等军需品，用于海陆攻城之用。

由于国内兵力弱小，拜占庭皇帝君士坦丁十一再次向许多欧洲国家请求援助，但各国君主只是口头允诺，并不实施援助行动。君士坦丁十一世只好硬着头皮，加固城墙，部署军队，做好一切应战的准备。好在君士坦丁堡地势险要，固若金汤，易守难攻，拜占庭人多少有一丝安慰和希望。

余晖下的悲壮

公元1453年4月6日，穆罕默德二世亲率十万步兵、骑兵，对君士坦丁堡展开进攻。由于君士坦丁堡防御工事坚固，拜占庭守卫士兵的奋勇抵抗，奥军连续多日的强攻都没获得成功。穆罕默德二世就计谋从城墙之下挖洞穿入，幸好被当地居民发现使其没有得逞。

初期的海上战争奥军也没有取得多大的胜利。奥斯曼海军派出几十艘战舰拦击热那亚的

攻陷君士坦丁堡

Part 4 烈焰下的强权——悲壮雄浑的征服与扩张之歌

4艘援助战舰时，不但没有成功，反而被击沉了多艘战舰，热那亚援军驶入金角湾。奥军虽在海上进行多日的战斗，但始终没能冲进攻城的要地。

穆罕默德二世便改强攻为智取。他选择军事力量薄弱的金角湾为突破口，并与控制加拉太的热那亚人达成协议，拟从加拉太进入金角湾。

公元1453年4月，穆罕默德二世亲自指挥，将70多艘战舰通过木板滑入金角湾，并用这些船只搭起一座浮桥，筑起炮台，集中兵力火力进攻君士坦丁堡。这让君士坦丁堡的守军猝不及防，急忙抽调西南部的防军去抵抗，这样就大大削弱了陆军的防御力量，接下来就是奥斯曼军强大的攻势。尽管守军们顽强抗击，浴血奋战，全城百姓也不遗余力地抢修被炸坏的防御工事，但经过一个多月的炮轰强攻，君士坦丁堡的城墙还是被炸开了一个大缺口，凶狠的奥斯曼军蜂拥而入，拜占庭人疲惫不堪，全线崩溃，君士坦丁十一世死于混战之中。

君士坦丁的所有残垣断壁似乎都在目睹这场前所未有的洗劫，哭诉着悲惨的命运。奥斯曼士兵烧杀抢掠，世代相传的艺术珍品被抢劫一空，或者化为灰烬。后来，穆罕默德二世将圣索菲亚基督大教堂改建为清真寺，并迁都于此，改其名为伊斯坦布尔，这个名子一直沿用至今。

6 新的世界和新的皇帝

　　幼年并不平顺的伊凡三世，是统一的俄罗斯国家的奠基者，他引导俄罗斯结束了封建割据，走上了统一。他尊继父亲的遗愿，开创了一个独立全新的俄罗斯帝国。人们称他为"伊凡大帝"，他一生的所为配得上他神圣的使命，他是一位称职的统治者。

缔造统一的俄罗斯国家

　　伊凡三世的幼年并不平顺。在家族争斗中，他的父亲瓦西里二世被抓后失去了双眼，伊凡被藏于修道院中才躲过灾难。同时，莫斯科公国还面对被其他国家征服的危险。因此，伊凡自幼就辅佐失明的父亲治理国家，12岁时就领兵打仗，积累了丰富的治国和作战经验。

　　22岁伊凡继承王位后，就立即展开了他多年思虑的"罗斯的统一"计划。他用武力将雅罗斯拉夫尔公国和罗斯托夫公国先后吞并，然后又将诺夫哥罗德公国作为下一颗要吞下的果子。伊凡三世对其交替使用武力和招抚，分三次吞并了诺夫哥罗德。第一次是在公元1471年，伊凡三世在舍隆河决战打败了诺军，诺夫哥罗德人宣誓效忠大公并交付赔款；第二次是在公元1475年，他又亲自去诺夫哥罗德，收买百姓，排除异己，做好一切准备；公元1477年，他正式出兵吞并和占领了诺夫哥罗德，并彻底消除了这里的各种隐患，使莫斯科公国的领土扩张到了北冰洋。

烈焰下的强权——悲壮雄浑的征服与扩张之歌

公元1485年,伊凡三世吞并了特维尔公国,这就意味着已经无有可供吞并的罗斯诸侯国了。但他却认为自己是所有前基辅土地的天经地义的继承者。为了实现他认为的继承权利,他通过武力,迫使立陶宛承认斯摩棱斯克等地区都属于莫斯科大公。此时伊凡三世志得意满,给自己配上了"全罗斯大君主"的尊号。

○ 与宿敌的较量

莫斯科大公是金帐汗国的属国,继承大公要得到可汗的认可,还要向他们定期缴纳贡赋等。伊凡三世继承大公时,莫斯科公国已获得了相对独立的统治权,他的继位却未经可汗确认,而且他也不是定期向金帐汗国进贡,而是仅仅不定期地送一些"礼物",以示所谓的效忠。随着力量的增强,他认为时机已经成熟,就连这点"礼物"他也不送了。这必然会导致他与蒙古人的最后对决。

公元1465年和1472年,蒙古远征军两次攻击莫斯科,结果都被挡在了两国的边界地区。公元1480年,伊凡三世宣称不再效忠金帐汗国,阿合马汗就率军抵达奥卡河,准备教训不听话的俄罗斯人。伊凡三世立即派长子率军前往御敌。双方对峙到11月,蒙古军饥寒交迫,缺乏外援,而莫斯科军队既有增援部队,又有国内民众的支持。结果俄罗斯军击溃了蒙古军,阿合马汗仓

伊凡三世

皇逃跑。不久金帐汗国发生内讧，阿合马汗被杀，金帐汗国分裂为几个小汗国。至此，俄罗斯对鞑靼人近两个半世纪的统治终于结束了，与宿敌的斗争也随之画上了句号。

◯ 权力的神圣化

伊凡三世集结军队准备对阵金帐汗国

统一的俄罗斯国家形成后，为将俄罗斯置于教皇的控制之下，建立广泛的反土耳其战线，梵蒂冈就撮合伊凡三世与拜占庭君士坦丁十一世的侄女进行联姻。公元1472年，伊凡三世迎娶拜占庭公主索菲娅。不巧的是君士坦丁十一世突然死亡，他们的如意算盘完全落空。

而伊凡三世却因此自称是拜占庭皇位的继承人，提高了自己在莫斯科的统治者地位。他在自己家族的圣乔治标志上，添加上拜占庭的双头鹰标志，并参照拜占庭的模式设计出一套宫廷仪式。他使用"沙皇"和"专制君主"的最高头衔，加冕礼也设计得像宗教仪式一般庄严。公元1497年，伊凡三世颁布了一部法典，通行全国。法典规定拜占庭的双头鹰国徽为俄罗斯国徽，并将双头鹰团刻在俄国国玺上。这样，莫斯科大公的地位就得到了上升和神圣化，有利于建立中央集权制。

统一的俄罗斯国家的奠基人

统一的俄罗斯建立后,伊凡三世成为全俄罗斯国家的唯一君主,国家的权力高度集于他一身。因此,他在头戴皇冠端坐在王位上显示自己权威的同时,也在制定新的国家统治制度。

伊凡三世废除由各王公独立指挥的亲兵队,建立起以服役贵族为主力的常备军。这样国家的军权就落在了大公手里。

公元1497年,伊凡三世颁布了一部通行全国的法典,不仅将象征国家的双头鹰标志法律化,而且更加巩固了中央集权统治的国家权力。还以莫斯科为中心,建立了统一的俄罗斯国家政府机构。这部法典还用法律的手段保障了封建主的特权和利益,标志着农奴制度在全国范围内的确立。

在内政方面,国家有权镇压人民的反抗,对贵族给予优惠的政策,对人民进行严格的管理。除威胁其统治地位的大封建贵族外,保护波雅尔、地主和僧侣的财产安全。在宗教方面,在给教会特权的同时,伊凡三世被尊为"真正的东正教世界的首领",俄罗斯帝国也被看作是东正教信仰的保护者。

伊凡三世奠定了统一的俄罗斯国家的基础,他让欧洲人知晓了俄罗斯的存在,他是第一位被尊称为"代表全民族的俄罗斯君主"。

part 5

翻天覆地的改变——推动世界的欧洲大转折

当人类的脚步沿着中世纪漫长的黑暗路程,行进到16世纪时,那群曾落后于东方的欧洲人,长期受束缚的思想,突然与灵光发生撞击,产生出璀璨的火花。尽管他们为此迷惘痛苦,或者争战纠结,但为了追求科学与真理,以及更广阔的世界,他们勇敢探索、无怨无悔,轰轰烈烈地进行了一番实践。其斐然成就,不仅给欧洲带来了翻天覆地的改变,还推动了整个人类文明的进程。人类历史将永远铭记,16世纪的欧洲,是推动世界的伟大转折点。

1 国王与教皇的权力游戏

历史上，无论东方还是西方，王位的合法继承人一般都是王子。如果国王膝下无王子，即便有一群公主，也会成为别人谈论的话柄，国王也会觉得后继无人，颜面尽失。英国历史上就曾因此掀起过一场大的风波：在英国，到亨利八世时期，均为男人执政。所以，亨利八世婚后因多年没有子嗣，怒发冲冠，与罗马教廷发起冲突并与其决裂，自立门户。

离婚缘起子嗣

英国亨利七世统治时期，为拉拢西班牙，亨利七世就让自己的长子亚瑟迎娶西班牙的公主凯瑟琳为妻。可是大婚不久，亚瑟就因病去世了。为不得罪西班牙，经教皇利奥十世批准，亨利七世又将凯瑟琳改嫁给他的次子亨利。当时亨利王子年仅12岁，凯瑟琳18岁，他们两个也相互喜欢。公元1509年4月22日，年仅18岁的亨利八世继位，6月11日，两人正式完婚，6月24日，凯瑟琳加冕成为英国王后。凯瑟琳举止得体，温柔贤淑，热衷于公益事务，因此深受英国国民的爱戴。婚后的最初几年，他们堪称"美满婚姻"的典范。

可是婚后很多年他们仍一直没孩子。直到公元1516年，凯瑟琳才顺利产下一个女孩，取名玛丽，她就是后来的玛丽一世。可是亨利八世的心里却非常希望能有个儿子，以便继承他的王位。然而，凯瑟琳后来虽然又有生育，但却没一个活下来的。公元1519年，凯瑟琳再一次流产，亨利八世就不再对

翻天覆地的改变——推动世界的欧洲大转折

凯瑟琳生育男孩抱任何希望了。

亨利八世是一个虔诚的天主教徒，他记得《圣经·利未记》里说："人若娶弟兄之妻，这本是污秽的事，羞辱了他的弟兄；二人必无子嗣。"于是他怀疑自己与凯瑟琳的结合是不是得罪了神，那样的话他们就是注定不会有儿子的。于是从公元1519年起，亨利八世就开始有私生子，可是这些私生子名不正，言不顺，都不能继承王位。

为得到名正言顺的儿子，亨利八世就需要一位新王后。恰巧王后的侍女中有一位异国风情的女子安妮·波琳，她非常中亨利八世的心意。但安妮·波琳却要求得到王后的宝座。于是亨利八世就下定决心与王后离婚，让凯瑟琳退位。

亨利八世

但与宗教、王权和国家有千丝万缕联系的这场婚姻，又岂是亨利八世一个人说了算？于是，这场离婚案引发了一场伟大的变革，点燃了英国宗教改革的星火。

○ 国王与教皇的权力较量

亨利八世本人是虔诚的天主教徒，他曾亲自撰文抨击马丁·路德的宗教改革，罗马教廷给予他"信仰的守护者"的封号，因此，他并不想因与凯瑟琳离婚的事而得罪教皇。他提议凯瑟琳王后主动退位，然后到修道院去安度

晚年。可是，王后严词拒绝了他，并向自己的侄子——神圣罗马帝国皇帝查理五世求助，查理五世回信威胁：若亨利八世胆敢离婚，自己就发兵英格兰。

当时，查理五世的权势很大，罗马教皇都要忍让三分。可是，这次亨利八世却铁了心。公元1525年，亨利八世派枢机主教托马斯·沃尔西去向教皇申请离婚，又派威廉·奈特去罗马教廷游说，亨利八世离婚的理由是：凯瑟琳与亚瑟在短暂婚姻里有圆房的事实，而当初自己年幼无知，上当受骗。为获取国内民众的支持，亨利八世将休妻案交给康桥和牛津的学者去辩论，又提交英国国会，恳请国会通过。亨利八世得到了他们的支持，因为从继承王位的角度考虑，大多数的学者赞成亨利八世休妻；而国会早就厌烦罗马教廷的管束，所以就猛烈地抨击教会的弊端，支持国王休妻。

罗马教皇克雷芒七世接到这个离婚案后，感到分量特别重，这不仅是顾忌查理五世的权势，重要的是这段婚姻是前任教皇亲批的。因此，他一直拖延，没有批准。公元1529年，教皇仍不批准离婚案，亨利八世就威胁说不缴纳什一税，教皇仍

亨利八世的六位妻子

翻天覆地的改变——推动世界的欧洲大转折

然不同意。亨利大怒，他的亲信克伦威尔就建议他自立为一国的宗教领袖，取代教皇在英国的神圣地位。亨利八世原本不想与教廷决裂，可是漫长的等待中教皇仍不改初衷。恼怒的亨利八世便痛下决心，采纳了克伦威尔的建议，与罗马天主教断绝了关系，脱离了天主教。

这样，离婚案最终引发了伟大的宗教改革。在国王的号召下，英国的宗教改革轰轰烈烈地开展起来啦。亨利八世召开议会，讨论有关宗教改革的问题。他自立为英国教会之首，提议与罗马教廷彻底决裂，不再向教皇作任何申诉等。他还罢免了约克大主教、大法官沃尔西等保守派人物，任命克伦威尔为秘书长，克莱默为新的大主教。

公元1533年5月，克莱默宣布亨利八世与凯瑟琳的婚姻无效。6月，已有身孕的安妮·波琳被加冕为王后，但英国国民并不支持她，而是普遍同情被遗弃的凯瑟琳。在加冕典礼上，民众都向凯瑟琳的女儿玛丽欢呼致意，怒骂安妮破坏了别人的婚姻。

命运弄人，亨利八世得子的愿望始终不能实现。三个月后，安妮为他又生下一个女孩儿，取名伊丽莎白，这就是后来的伊丽莎白一世。

2 登上王位的小女孩

世上没有无缘无故的仇恨。在英国王位的争夺赛上，尽管新教徒们机关算尽，但最终还是天主教徒胜出。历尽苦难的玛丽，伤痕累累，终于登上王位，大权在握。她不顾一切地开始了对新教徒的血腥复仇。

○ 基督教世界里最不幸的小姐

玛丽·都铎是英王亨利八世与他的第一任妻子凯瑟琳王后所生的女儿，由于一直没有子嗣，所以玛丽本应是亨利八世名正言顺的继承人。可是英国没有女人继位的先例，亨利八世也一直期望自己的王位由男孩来继承。所以，尽管玛丽才华出众，智力过人，但她的父亲却仅仅把她看作是欧洲王室政治联姻的商品。

玛丽的母亲凯瑟琳王后是虔诚的天主教徒，因此玛丽自幼就接受正统的天主教教育，也成为虔诚的天主教徒。12岁那年，父亲亨利八世与母亲凯瑟琳王后大闹离婚，玛丽亲身经历母亲与父亲反目成仇，目睹父王为迎娶新王后，不惜夫妻和父女情分，不惜与天主教决裂，她心如刀绞。凯瑟琳王后被流放后，她受到了新王后安妮·波琳和她父王的恶意对待，同时也赢得了英国民众的同情。

公元1534年，英国议会通过《继承法案》，亨利八世把王位继承权给了他与安妮王后所生的伊丽莎白，而18岁的玛丽，身份一下子从公主变成了私生女。她的公主称号被取消，她的侍女被撤销，她被百般排挤，被软禁。她为自己的公主身份进行抗争，却引起亨利八世的怒火，他把她所有可能的亲事都取消了，安妮王后甚至还企图"让她下嫁给某个男仆了事"。

之后，玛丽就成为伊丽莎白的一个侍女。每次出行的时候，伊丽莎白坐在轿子里，而她却走在烂泥里；她企望能见父亲一面，却遭到了无情的拒绝；玛丽生病时，亨利八世禁止医生去给她治疗，凯瑟琳请求让患病的玛丽与自己住在一起，亨利八世无情拒绝；在新皇后的唆使下亨利八世甚至还一度想处死玛丽。

安妮因通奸罪被处死后，第三任王后简·西摩鼓励国王与玛丽和解，玛丽才得以进入宫廷。玛丽向父亲表达谦卑顺从的意愿，可是亨利却要她接受《继承法案》，承认自己的私生女身份和教皇在英格兰没有地位。玛丽宁死不从，亨利八世就扬言要处死玛丽，并交由法庭审讯。法庭建议她签一份正式接受《继承法案》的文件，否则就有性命之忧；天主教的顾问们也纷纷劝说玛丽，让她为天主教在英国的生存机会而先活下去。玛丽签署了文件，但她同时也秘密写了一份抗议书，声明自己是被逼无奈才签署文件的。

此后，父女终于休战，她的地位也有所恢复。但她不再是公主，也不会有体面的婚姻，更不用奢望继承权了。她常为自己叹息"我只是玛丽小姐，基督教世界里最不幸的小姐"。

○ 王位上的"血腥玛丽"

亨利八世去世后，玛丽的同父异母弟弟爱德华六世继位。爱德华六世信奉新教，他要求并威胁玛丽改宗，玛丽拒绝了他。爱德华六世非常恼火，就把王权传给了他的表亲简·格雷。公元1553年7月10日，刚坐上王位9天的简·格雷，就被天主教推翻了。玛丽被拥护登基成为英国女王，她心中埋藏

多年的怨恨随即泉涌而出，从此，她便对新教徒进行了无情的血腥报复。

公元1553年10月1日，玛丽一世组建天主教政府，废除爱德华六世的宗教法，宣布在英国恢复天主教，重新认可教皇的宗教权威。

玛丽一世对新教徒施行高压政策，对其中的激进分子大肆屠杀。首先她把克莱默大主教烧死在广场的火刑柱上，任命自己的亲信列金诺·保尔为大主教。在她执政期间，被烧死在火刑柱上的新教领袖就有近300名，还有800多名新教徒被迫流亡国外。一时间，英国民众对她的同情心也随着她的残暴开始变为憎恨，人们都称她为"血腥玛丽"。

被斩首的格雷女王

失败的政治婚姻

玛丽掌权以后，生怕她的同父异母的妹妹伊丽莎白抢夺自己的王位，就试图找理由和机会陷害她。可是伊丽莎白非常机警，她非常明智地加入了天主教会，并表现得非常驯服，让玛丽无法找到机会与其反目。于是玛丽就想借助婚姻来阻止伊丽莎白继承王位。她选择与天主教的捍卫者，西班牙腓力二世结婚，想通过与腓力的联手统治，让英格兰重回罗马教廷的怀抱。国内的民众当然不愿让一个外国佬来统治英国，为此，国内的新教徒以拥立伊丽莎白为名，发动了一场政治暴乱，新教徒一直打到伦敦城外才被镇压下去。尽管这件事与伊丽莎白无关，但玛丽却不放过这个机会，她把伊丽莎白关进伦敦塔软禁起来。

翻天覆地的改变——推动世界的欧洲大转折

玛丽一世的政治婚姻并不如意，她与腓力二世一直没有孩子，这让她阻挡伊丽莎白继承王位的计划落空；她的婚姻使英国不得不进行无数次的对法战争，但却从没在西班牙的对外贸易中捞取一丁点好处。最让她痛心的是，在她生命的最后岁月中，腓力二世无情地抛弃了她。

婚姻失败，内忧外患，民心尽失，心态悲凉的玛丽一病不起，公元1558年，她在忧郁中结束了坎坷、悲凉、暴虐的一生，没有人肯为她哭泣落泪。

玛丽一世

3 最后的女王

她，睿智而果敢，为了国家的利益，她选择了终身不嫁，放弃了个人幸福与天伦之乐。她把自己嫁给了英格兰国家的民众，并为之奉献终生。她就是英国女王伊丽莎白一世，就是这位"童贞女王"，引领英国，走上了辉煌时代，即伊丽莎白一世的"光荣时代"。

◯ 日照英格兰

伊丽莎白是亨利八世与他的第二任妻子安妮·波琳的女儿。与她的姐姐玛丽一样，她也是个聪明睿智、才智过人的女孩，年轻时命运也是多灾多难，但她却心地善良，知书达理，而且出人意料地早熟和敏感，也非常善于保护自己。父亲的薄情寡义对她也产生了极大的影响，她在青春期时就很淡漠异性和婚姻。

公元1558年，25岁的伊丽莎白被一群王公贵族拥立为英国女王，她的王者风范和诚恳善良，犹如头顶的一轮晴日，照耀在英格兰大地上，让王公贵族倾倒，让民众欢呼。在去加冕的路上，她收下了一个乞丐献上的鲜花，并将它一直带进了教堂；在加冕礼上，民众高呼"上帝佑护我王"，这位仁慈的女王回应"天佑我民"，民众热泪盈眶，英格兰举国上下顿时变成欢乐的海洋，伊丽莎白登上王位是英国民心所向。

伊丽莎白一世登基之时，英国负债累累，国内矛盾重重，它在欧洲大陆

翻天覆地的改变——推动世界的欧洲大转折

的最后一块土地被法国夺去，成为大西洋上的一个真正岛国。伊丽莎白一世刚一上任就确立了自力更生的岛国民族信念，唤醒了英格兰民族的自我意识。

伊丽莎白继位之初，罗马教廷不承认她王位的合法性。她就顺势宣布英国为新教国家，让英国与罗马教皇脱离关系，并颁布至尊法令，将政教大权集于一身。面对新教与天主教的矛盾，她左右逢源而又坚持原则，使新教与天主教至少表面上保持和平。公元1571年，她主持定稿《三十九信条》，并编入《公祷书》，沿用至今。伊丽莎白一世的宗教方针，使英格兰与信仰新教的苏格兰至少可以"貌合"，为以后的统一奠定了基础。同时，她确立的国教体系——圣公会，使英国消除了宗教战争，在一段很长的时间内，英国得到了稳定发展。

伊丽莎白一世肖像

"童贞女王"

伊丽莎白一世继位时已经25岁了，所以，她的婚事成为英国国内外人们关注的最大焦点。朝中的大臣们轮番催她尽快挑选一位合适的丈夫，为王国诞育继承人。各国的求婚大使也纷纷前来，络绎不绝。而伊丽莎白却很明

白，如果自己与外国求婚者中的任何一个结婚，英国都可能被卷入欧洲大陆无休止的冲突中。而如果与国内大贵族中的任何一个单身汉结婚，都可能引起激烈的宫廷争斗，甚至还会引发内战，这两种结果都不是伊丽莎白想看到的。另外，她目睹父母及姐姐玛丽的不幸婚姻，心中也早已看淡婚事。所以，她的婚事就一拖再拖。公元1573年，40岁的伊丽莎白依旧孑然一身，再不结婚她将无法生育子嗣。大臣们纷纷请求她尽快结婚，而她却将戒指戴在无名指上，说了一句震撼英国人的话："我只可能有一个丈夫，那就是英格兰。"民众将她奉若神明，从此她也以"童贞女王"著称。

女王的经济头脑

伊丽莎白执政之时，英国负债累累，经过这位英明的女王的苦心经营，公元16世纪80年代，英国不仅还清了外债，国库也得到了充盈。这些都与女王精明的治国方针有很大的关系。

一是她厉行节俭，追求金钱。她精打细算，省之又省，她的宫廷开支仅为玛丽时期的1/3，她通常在大臣的庄园和官邸举行盛大的舞会，这笔巨额开销使很多大臣有苦难言。

二是她颇具商人的经济头脑，聘请"商人之王"格勒善做财政顾问。公元1560年，在她的操持下，在伦敦建立起一座巨大的王家交易所，英国和欧洲各地的商人云集在这里，生意火爆，女王从中赚取了大量的钱财。

三是她大胆投资了一个冒险生意——海盗抢掠，并带动了她及她的许多

女王德雷克骑士

大臣，从中他们获取丰厚的利润。很多海盗巨头如霍金斯、德雷克、雷利等都是她的座上宾，备受呵护和褒奖。当西班牙要求处死德雷克时，她却封他为骑士。

公元1588年，西班牙组建一支庞大的"无敌舰队"攻打英国。伊丽莎白立即组织140艘船的舰队。海盗霍金斯、德雷克和雷利均在皇家海军中担任要职。虽然英国的船炮比不上西班牙，但他们海战经验丰富，加上海盗的亡命精神，英军的战斗力大大强于对手。他们把西班牙的无敌舰队打得一败涂地、一蹶不振，而英国却由此逐渐踏上海上霸主的台阶。

4 海上新霸主

葡萄牙是率先走出欧洲的国家，其逐步强大起来经历了发现和征服两个步骤。在地理大发现中，葡萄牙分到了第一杯羹，并从中尝到了甜头。这些贪婪的掠夺者的欲望是无穷尽的，他们的野心也随着财富的增长一再膨胀。达·伽马开辟新航路后，葡萄牙殖民者便开始用武力争霸南亚。

葡萄牙人的霸权行为

欧洲通往印度的新航路开辟以后，大批的葡萄牙人来到了这块神秘的土地进行贸易。起初他们还不算太嚣张，但他们很快发现，这些南亚的各个小国之间矛盾重重，而且武器较为落后，非常有利于他们进行殖民活动。当时，大量的阿拉伯商船在印度洋上活动，主要是从事香料贸易。精明贪婪的葡萄牙人野心勃勃，为了获取更多的财富，他们果断地拿起火枪，率领大批的军队，浩浩荡荡开向南亚，他们要用武力征服和占领这一富饶的地区。

公元1502年10月，达·伽马用大炮轰击印度南部的重要港口小国卡里库特，又为葡萄牙人在柯钦城建立了一个贸易据点，并以葡萄牙国王的名字命名为曼努埃。在这里，他们多次派出舰队，拦截印度洋上的阿拉伯商船，保证了葡萄牙在这一地区的商业贸易利益。

公元1505年3月，葡萄牙任命弗朗西斯科·阿尔梅达为印度第一任总督，让其主要掌管印度洋上的霸权贸易。他率领有20艘船的舰队从里斯本出

part 5 翻天覆地的改变——推动世界的欧洲大转折

发，前往他任职的印度。船上共有1500名士兵和200多名炮手。这次远征的目的是征服殖民地，垄断香料贸易。

阿尔梅达上任后，就把柯钦城变成了葡萄牙在印度的贸易中心。他经常在这里派船只攻击印度洋上的阿拉伯商船。很快阿尔梅达发现，这样的做法并不能从根本上制止阿拉伯人做香料生意。他认为，葡萄牙要想垄断阿拉伯人与印度之间的香料贸易，控制整个印度洋，就必须控制红海和波斯湾的出海口。

他把自己的想法报告给了葡萄牙国王，葡萄牙就派阿方索·德·达尔布克基率领舰队前去镇守波斯湾的出海口霍木兹海峡，并攻占了霍木兹城，他们烧杀抢掠，无恶不作。之后，达尔布克基在这里强行征税，并建造了一个要塞。威尼斯商人和阿拉伯商人们再也无法通过这里去做香料等生意，经济利益损失非常大。从此，这一地区的贸易中心从威尼斯转到了里斯本，威尼斯人和阿拉伯商人对葡萄牙人的霸权行为极为不满。

葡萄牙第一任总督
弗朗西斯科·阿尔梅达

印度洋上的新霸主

为了抗击葡萄牙人的霸权行为，在威尼斯人的帮助下，埃及人与阿拉伯人在红海组建起一支强大的反葡萄牙联合舰队。公元1509年，联合舰队与葡萄牙舰队爆发了第乌海战，葡萄牙舰队在阿尔梅达的指挥下，用较少的兵力就击败了强大的联合舰队。自此以后，葡萄牙人就获得了印度洋上的制海

权，成为海上新霸主，穆斯林世界的经济贸易受到严重的影响和损失。

　　葡萄牙驻印度第二任总督是达尔布克基，他采取的垄断策略更加彻底和残暴。为取得长达5630千米的印度洋海面控制权，公元1510年3月，达尔布克基首次攻占了印度西岸的商业中心果阿城，5月，他被大批穆斯林赶了出去。10月初，他再次攻占果阿城后就残暴屠城，杀死了那里的6000多人。他的暴行让周围的小邦城市不得不俯首称臣。随后，达尔布克基将总督府迁至果阿城，从此，这里便成了葡萄牙的东方殖民活动中心。

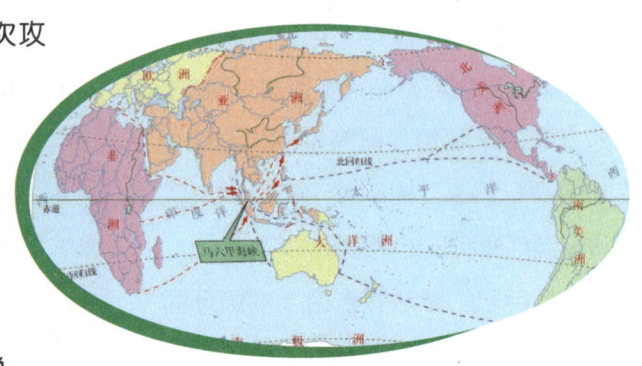

葡萄牙在马六甲海峡设立的军事基地

　　可是达尔布克基的野心并不仅仅是这些战果，他还要夺取印度洋东部入口的咽喉要道——马六甲。公元1511年7月至8月间，达尔布克基经过多次激战，终于攻占了马六甲。他照例进行残忍地屠城，并将全城的财物抢劫一空。自此，马六甲就成为葡萄牙人的统治中心，在这里，他们修建坚固的要塞，并派军队长驻这个沟通东西的咽喉要道。

　　马六甲被攻陷后，它周围的一些小国如苏门答腊、爪哇等诸国，慑于葡萄牙的残暴，纷纷表示归顺。葡萄牙人在东南亚开始逐步建立殖民网络，进一步确立和巩固了葡萄牙在印度洋上的霸主地位。印度洋的霸权地位为葡萄牙带来了丰厚的经济利益，这一时期也是葡萄牙"历史上最富裕的时期"。

5 到处都是富人的国家

荷兰是一个小小的低地国家，公元16世纪，这里展开了一场真正的资产阶级革命。之后，它便以飞快的速度迅速崛起强大起来。在地理大发现和海外殖民活动中，它捞取了巨大的经济利益，它变得更加富足和强大，到处都是富人。到公元17世纪，仅仅拥有200万人口的荷兰，成为海上霸主。

ᗦ 第一个资产阶级掌权的国家

公元1566年，在奥兰治的威廉领导下，在尼德兰（包括今荷兰、比利时、卢森堡和法国东北部）的北方七省，以破坏圣像运动为标志，进行了长达八年的独立战争。公元1581年7月26日，革命者正式宣布废除腓力二世在西班牙的统治，成立联省共和国。由于荷兰省面积最大，且其经济最发达，所以联省共和国又称荷兰共和国。公元1588年，在荷兰共和国，一场追求独立的资产阶级革命取得了胜利，这是一场真正的资产阶级革命，也是世界上的第一次资产阶级革命。革命胜利后，荷兰成为世界上第一个由资产阶级掌权的国家。

荷兰独立后，设立联省议会并把其定为国家的最高权力机关。在省议会中，大资产阶级代表占据绝对优势，而最高执政权则是由奥兰治家族世袭。而资产阶级掌握政权，则成为荷兰资本主义发展和争夺海上霸主的最重要的政治

条件。

在荷兰，商业资产阶级比工业资产阶级更为强大，新航路开辟以后，海上贸易更是空前繁荣，商业革命为荷兰的繁荣发展提供了一个绝好的机遇。借着这个机会，精明的荷兰人采取各种措施，大力发展商业贸易。

与西班牙停战后，在资产阶级的领导下，荷兰步入到一个祥和的、发展经济的环境中。自此以后，即便国内发生政治和宗教斗争，也没能妨碍和影响它对利润的追求。

○ 到处都是富人

在资产阶级的带领下，新兴的荷兰以全新的资产阶级面貌，焕发出空前的生机。国家出台了很多有利于商业发展的制度，例如低税制、不限宗教吸纳各地精英制等。依靠沿海的地理优势和发达的水上交通，荷兰成为欧洲最繁忙的商品集散地，海外贸易非常繁荣，这又带动了航海业、造船业、海上运输业的飞速发展。

荷兰的造船业负有盛名，其船只销售欧洲各个国家。到公元17世纪末期，英国所使用的船只中，荷兰人造的仍占四分之一。发达的造船业为荷兰发展世界贸易奠定了雄厚的物质基础。

海外贸易的发展繁荣，促使荷兰急需探寻一条直接通往东印度群岛的航路，来进行香料贸易。公元1594年至1597年，荷兰人巴伦支进行了艰苦卓绝的探险，他曾到北冰洋地区进行过三次探险航行，他去过的那片海被命名为巴伦支海。公元1595年，荷兰人范·林索登发表《旅行日记》，该书描绘了世界地理情况，将葡萄牙人保守一个世纪的、通往东印度的新航路，变成了人人皆知的常识。之前，就有一支荷兰探险船队，经好望角抵达印度，次年

翻天覆地的改变——推动世界的欧洲大转折

又抵达印尼爪哇岛的万丹。这次探险使他们获得了巨大的财富。正是由于这次探险给荷兰人展现出了美好的商业前景，所以在1598年，荷兰再次派出一个由8艘船组成的探险队，前去盛产香料的爪哇地带和摩鹿加群岛，他们在班达岛和安汶岛

世纪的荷兰战舰

建立了商站。最后探险队运回了大批的肉豆蔻、丁香等香料，并从中获得了高额利润。受巨大利益的诱惑，荷兰人搭帮结队，组织很多小公司，纷纷涌入印度洋。公元1595年4月至1602年，在荷兰就陆陆续续有14家以东印度贸易为主的公司成立了。

在荷兰人到来之前，葡萄牙和西班牙就已经控制了东印度数十年。荷兰人来到后，竞争变得更加激烈。当地人利用这一点，都竞相抬高物价和到港物费。荷兰人是天生的生意人，他们意识到，本国那些前来的分散小公司，根本就无法与葡、西两国抗衡。要想避免在恶性竞争中受损，这些分散的小公司就必须联合起来，形成一股强大的海上军事力量，来保护荷兰的贸易。而要实现这些，一方面要取得政府的支持，另一方面还要拥有雄厚的资本作

为后盾。公元1602年，荷兰成立了东印度公司。许多人把他们富余的闲散钱财投入到这个公司，把手中的现金换成东印度公司的股票。

由于巨大资本的注入，东印度公司拥有了雄厚的物质基础，因此，在香料贸易的竞争中，它击垮了不可一世的葡萄牙。整个17世纪，荷兰人一直控制着印度洋上的香料贸易，荷兰共和国也因此变得非常富有，从而成为17世纪世界上最富裕的国家。

Part 6

化思想为力量——推动人类进步的领导者

无数个国家，有无数种命运，其荣辱沉浮，取决于一位位君主、一位位哲学家、一位位科学家、一位位艺术家。17世纪是一个多姿多彩的世纪，热爱戏剧的莎士比亚、被苹果砸中的牛顿、骁勇的康熙大帝，一个个伟人，一段段故事，他们用自己的智慧，为人类向前发展奠定了坚固基石。

1 喜欢看戏的英国人

他不甘心一辈子被锁在一个小镇子里，为了梦想，他来到了伦敦。从最底层做起，靠着聪明和勤奋，他成为英国历史上最伟大的戏剧家和文艺复兴时期的文学巨人，至今他的著作仍然在世界各国广泛流传。很多人称他是文明的象征，他就是伟大的文学家和戏剧家莎士比亚。

奋发上进的少年

莎士比亚故居

公元1564年4月23日，威廉·莎士比亚出生在英国沃里克郡斯的特拉特福镇，由于他的父亲是镇长，因此家境殷实，莎士比亚一到就学龄就顺利地到当地的文法学校上学。在学校，莎士比亚学习了古典文学、诗歌、拉丁文、逻辑学、哲学等。后来，他的父亲遭遇到挫折，家里不能再继续供他上学，他只得辍学回家。公元1582年，18岁的莎士比亚与一位当地的姑娘结了婚，但他不想把自己一生都锁在一个小镇里。

公元1587年，莎士比亚离开家乡前往伦敦，但刚到伦敦的莎士比亚却事事不顺心，他连一份合适的工作都找不到。为了生计，他只好先在一家剧院门口当了一名马夫，主要工作是扫扫地、守守门、给看戏的人牵牵马等。

由于莎士比亚聪明好学，奋发上进，所以很快他就做了剧院一名管理人员的助手，主要工作是舞台设计、调调喇叭声音。后来，他又做起了临时演员，起初只是扮演一些跑龙套的小角色，他非常用心，演得非常精彩，展现出了演戏的天分。终于，剧团聘请他做正式演员。莎士比亚演出场次渐渐多起来，他也随之有了一些名气，开始接触社会上各个职业、各个等级的人，为以后的戏剧创作积累了不少生活素材。当时戏剧在英国非常受欢迎，看戏的英国人都喜欢看莎士比亚的演出，据说英国女王伊丽莎白也十分喜欢看莎士比亚的演出。尽管这样，演员的社会地位却非常低下，而且演员之间竞争得相当激烈。因此，莎士比亚就开始思索和寻求一条通向成功的路。

崭露头角

在当时伦敦的戏剧界，虽然戏剧比较受欢迎，但好剧本却非常少。戏剧的繁荣需要剧本的推陈出新，各个演出剧团都像沙漠需要甘露一样需要又新又好的剧本。颇具写作才华的莎士比亚便有了一个绝好的崭露头角的机会。公元1592年，莎士比亚创作的剧本《亨利六世》上演了，一下子便轰动了伦敦城，并且创下了最高的票房纪录，莎士比亚的名字在戏剧创作圈一下子响起来。莎士比亚还创作了很多长篇叙事诗、十四行诗等，同样反响强烈。公元1594年以后，莎士比亚的作品主要是爱情题材，比较著名的有《威尼斯商人》《仲夏夜之梦》和《罗密欧与朱丽叶》。其中最受欢迎的是《罗密欧与

朱丽叶》。该剧本的男女主人公分别是罗密欧和朱丽叶，他们两个的家族世代为仇，但他们却彼此相爱，因此受到两个家族的反对。朱丽叶的家族逼迫她嫁给高贵的帕里斯伯爵。结婚前，朱丽叶吃了一种药，吃后就像死了一样。她服药时便让人告知罗密欧自己不是真死。但报信人晚到了一步，罗密欧因先得知朱丽叶"死去"的消息，便自杀殉情了。当朱丽叶醒来后，得知自己的爱人已死去，也自杀身亡。这件事让两大家族突然醒悟，他们后悔莫及，于是两家冰释前嫌，一起为罗密欧和朱丽叶铸造雕像，表示纪念。

莎士比亚

除了爱情题材的戏剧之外，莎士比亚还创作了很多其他题材的剧本，而且他的剧本越来越成熟，内容也越来越发人深省，他的事业迈向了巅峰。他的作品源源不断，渐渐统治了英国的戏剧舞台。

如果有人问，莎士比亚为什么会成为举世闻名的剧作家，你可以这样回答：因为英国人喜欢看戏。如果有人问为什么英国人喜欢看戏，你可以这样回答：因为英国有一位世界著名的剧作家。

公元1616年4月，伟大的剧作家莎士比亚与世长辞，但他的著作至今仍然在各国上演和流传。今天，我们依然可以通过这位伟大文学家的大量作品，了解他的思想和他生活的那个时代。

2 同时落地的铁球

伽利略（公元1564年至公元1642年），是一位伟大的物理学家和数学家。他崇尚科学，坚持真理。为了追求真理和探索未知的世界，面对迫害、审讯和监禁，他勇敢地坚持自己的志向和操守，没有低下高贵的头。他坚信，真理终会传承千秋。

○ 初露锋芒

公元1564年2月，伽利莱伊·伽利略出生在意大利的比萨城，他的父亲文森西奥是一位有文化、有修养的绅士，受其影响，伽利略自幼就喜欢读书和学习，尤其是喜欢哲学和数学。公元1581年，年仅17岁的伽利略考上了比萨大学。在大学里，他表现出了数学和物理学方面的惊人天赋。但由于家境贫困，伽利略无法完成学业就被迫辍学回家。可是此时的他已经对数学和物理学产生了无与伦比的热爱，一有空闲，他就致力于这两方面的研究。公元1586年，伽利略发表的一篇《比重称研究》的论文轰动了意大利的数学界，他也因此赢得了很大的名气，结识了当时的一些知名数学家和贵族，在他们的帮助下，公元1589年，伽利略回到比萨大学任教。

○ 两个铁球同时落地

那时候，人们都信奉亚里士多德，他的观点都被认为是不容置疑或更改的真理。亚里士多德说过，两个铁球，一个轻，一个重，如果让它们同时从高处一起往下落，那么，重的那个铁球一定会先落在地上。伽利略对亚里士多德的这个观点产生了质疑，并且经过很多次的试验，他发现两个重量不同的铁球同时从高处落下，总是同时落地。他在比萨大学任教时，向他的学生宣布了这个结果，而且宣布，他要在比萨斜塔公开做这个试验。

这一天，比萨斜塔周围人山人海，这些人要亲眼见证这个年轻人说的话是错误的，而亚里士多德是正确的。伽利略登上比萨铁塔，双手拿着两个重量不同的铁球，同时将它们从高空抛下，结果就像他说的那样，两个铁球同时落在了地上。围观的人非常惊讶，原来亚里士多德说的话也不是全部都是正确的！

伽利略望远镜

挑战权威

两个铁球同时落地让伽利略成功挑战了权威。公元1590年，他的长篇论文《论重力》发表，首次提出了自由落体定律。

公元1592年，伽利略又到帕多瓦大学任教。在那里，他继续进行研究工作，并且取得了很多新的成功，他制造出了最初的温度计，知名度也提升了，结识了很多贵族，生活也殷实了。

公元1600年，布鲁诺（公元1548年至公元1600年）因信奉哥白尼（公元

1473年至公元1543年）日心说，否定教会认可的地心说而被烧死在罗马的鲜花广场上。伽利略也很赞同哥白尼的很多观点，因此，对教会烧死布鲁诺这一事，他非常愤怒。

公元1609年11月，伽利略研制出能够将目标放大30倍以上的望远镜，他用这个望远镜观察遥远的夜空，将目标对准了皎洁的明月。伽利略又一次看见了一个与亚里士多德观点不一样的事实：月球表面是凹凸不平的，有巍峨的"群山"，还依稀看见有火山的痕迹。他继续观测，原来木星还有4颗卫星，银河系里原来有无数个星体呀。而当时亚里士多德的观点则是：所有的天体都非常完美，表面是光滑的，形状是标准的球形，教会对他的观点深信不疑。伽利略观测到的结果显然是再次颠覆了亚里士多德的观点。公元1610年，伽利略将自己观察到的月亮、木星、银河等状况写成《星际使者》一书，书中描写的那些神奇景象引起了强烈反响，大街小巷的人们都在议论月亮、木星等。

○ 与教会抗争

《星际使者》出版后，伽利略继续观测和研究。公元1613年，伽利略发表《关于太阳黑子的信》，原原本本地写出了他对太阳黑子的观察，并且对哥白尼日心说的正确性进行了论述。他很快就受到了教会的控告和攻击，教会甚至还欲将他逮捕问罪。公元1616

伽利略

年，教皇保罗五世下达"1616年禁令"：禁止伽利略以任何形式保持、宣传或者捍卫哥白尼的日心说。但伽利略并没有因此而放弃对科学的研究，他依然坚持真理。他又写出《关于托勒密和哥白尼两大世界体系对话》一书，鉴于禁令对他的限制，他表面上保持了中立，采用了文学演绎的手法，阐述了地心说和日心说之间的对抗，但字里行间依旧体现出伽利略对地心说的攻击和对日心说的推崇。公元1632年，《关于托勒密和哥白尼两大世界体系对话》一书出版问世，得到了欧洲学术界和文学界的共同推崇，但6个月后就被罗马教廷以违背"1616年禁令"的理由勒令停止销售。还有一些国家禁止该书在本国传播，教皇命令伽利略到宗教裁判所受审。

当时，伽利略已经年近七旬，身体羸弱，却被多次严刑审讯，而且不容申辩。公元1633年6月，宗教裁判所判处伽利略终身监禁，焚毁《关于托勒密和哥白尼两大世界体系对话》一书，伽利略不得再出版或者重印任何著作。

公元1638年，伽利略病弱难支，得到教皇的允许，他搬出监狱。公元1641年冬，伽利略染上寒热病，公元1642年1月8日，伽利略与世长辞，但他把他的伟大著作和对科学的探索精神留给了后人。

3 被苹果砸中的人

一天，一位年轻人在苹果树下休息，突然，一个熟透的苹果掉下来，正好砸在这个年轻人的头上。年轻人拿起苹果，陷入了沉思：苹果为什么不朝天上跑，而是朝下掉落在地上呢？地上肯定有一种力量吸引着它。受到苹果落地的启发，他发现了万有引力。这个年轻人就是人类历史上最伟大的科学家之一——艾萨克·牛顿。他一生勤于思考，执着于科学研究，在力学、天文学、数学等众多领域取得了辉煌的科学成果。这些堪称经典的科学成就，在人类文明史的天空中，犹如一颗颗璀璨的恒星，散发着耀眼夺目的光芒，簇拥着它们的缔造者——牛顿一起载入史册。

早年的牛顿

艾萨克·牛顿，公元1643年出生在英格兰林肯郡的小镇乌尔斯普。他是一个早产儿，他的父亲在他出生前的两个月就离开了人世。后来他的母亲改嫁，把他寄养在外祖母家里。不幸的幼年经历，使牛顿成为一个沉默寡言、倔强顽强的孩子。他非常喜欢读书，特别是喜欢读些有关简单机械模型制作方法的书籍，读完后他会思考其中的机械原理，还常常动手制作一些小玩具，如小水钟、风车等。12岁那年，牛顿在格兰瑟姆中学就读。此时的他依旧成绩平平，但他阅读的范围却越来越广泛和深入，比如读几何学、哥白尼的日心说等作品，并且常常陷入沉思，思考之后他还常常去做各种小实验，

还有了一些小发明。他的老师还误认为他贪玩，净搞些不中用的东西而影响学习成绩，就把他的小发明模型打得稀巴烂。这激起了牛顿学习的斗志，他发奋苦读，在学习上取得了很大的进步。

求学生涯

第二任丈夫去世后，牛顿的母亲回到牛顿身边，还带着她与第二任丈夫的三个孩子。由于家境困难，母亲决定让他休学，回家协助她挣钱供养家庭，但牛顿却常常因读书而忘了做事情。一天，牛顿因钻研一个数学问题而忘记自己的活计，他的舅舅被他求知若渴的精神感动，就说服了牛顿的母亲让牛顿复学。牛顿可以继续学习了，并且他在学业上取得了很大的进步。

公元1661年，19岁的牛顿到剑桥大学三一学院就读，这里有着浓郁的学术氛围，并且能够呼吸到自由的空气。他遇到了丰富阅历、游历过欧洲大陆的巴罗教授。巴罗教授的讲座渗透着科学的思想，并且他把自己钻研过的欧洲大陆的各种科学理论与研究方法都传授给学生。牛顿从中受益匪浅。牛顿的天赋和努力也吸引了巴罗教授的眼球，他对牛顿的才华和对科学的痴迷精神大加赞赏，就将自己的数学知识毫不保留地传授给了他。在巴罗教授的带领下，牛顿走进了近代自然科学的研究领域。此外，牛顿还深入研究和学习了开普勒、伽利略、笛卡尔、欧几里、胡克得等人的科学著作。公元1664年，牛顿被巴罗教授选为助手，公元1665年，他又取得剑桥大学的学士学位。可就在这时，伦敦市区发生了瘟疫，剑桥大学被迫停止授课，学生被遣散。

被封爵的科学巨匠

公元1665年夏，牛顿回到自己的家乡。瘟疫造成的恐怖气氛并没有影响牛顿对科学的追求。在家乡的两年里，牛顿秉持对自然科学和数学的挚爱和钻研精神，在安静的乡村环境中，他跨越前人的思考，专心致志地致力于科

化思想为力量——推动人类进步的领导者

学研究，并取得了辉煌的成果。公元1665年，牛顿在数学领域中发现了著名的"二项式定理"，建立了微分学和积分学。公元1666年，牛顿着手研究光学，成为第一个发现了太阳光谱的人。他还对物理学中的重力问题进行了研究，他因被落地的苹果砸中而发现万有引力的故事就是发生在这一时期。当时他还想把重力理论，推广至月球的运行轨道上去。他从开普勒定律中还推导出，让行星能够保持在轨道上的力，与行星到旋转中心距离的平方成反比。

公元1667年年初，疫情得到控制。牛顿重返剑桥，他暂时没公开自己的科研成果，但他的科研精神和科研才能却引起了校方高度的关注和重视。公元1669年，牛顿被授予剑桥大学教授职务，担任鲁卡斯讲座的第二代教授，接替了巴罗教授。

被苹果砸中的人

牛顿重返剑桥后的第一个科研成果是他发明了反射式望远镜，这个望远镜仅约152厘米长，却能将目标放大40倍，而且没色差，比折射式望远镜更清晰。使用它，可以观测到木星及四个卫星、金星和月球表面的山谷。牛顿欣喜地将这一成果告诉了巴罗教授，巴罗教授大加赞赏。一次，英国皇家学会重要成员国王查理二世前来拜访巴罗教授，巴罗教授就把牛顿的这一发明告诉了他。查理二世对这架望远镜产生了浓厚的兴趣，因此牛顿的这一发明

也就引起了整个皇家学会的重视。公元1672年1月,牛顿的反射式望远镜被皇家学会主席考察通过,牛顿成为皇家学会会员。公元1672年2月,牛顿将自己对光学的研究成果撰写成《关于光与颜色的理论》的论文,递交给皇家学会。在这篇论文里,还有他的另一个光学发现——光的颜色理论。这个理论再次引起了科学界的广泛关注,此后的数年里,科学界对光的本性进行了各种论证,最终还是以牛顿的粒子说胜利而暂告一段落。牛顿因此在学术界也赢得了极高的声望。此外,牛顿还出版了《自然科学的数学原理》,这是一本科学巨著,它不仅奠定了经典力学的基础,完成了力学革命,而且还确立了牛顿在科学史上的举足轻重的地位。公元1703年,他被推选为皇家学会主席。

牛顿的反射式望远镜

牛顿不仅在科学领域做出了杰出的贡献,他还涉足政界担任社会职务。当时,英国的币制非常混乱,英国财政部聘请牛顿出任"皇家造币厂监督"的重要职务。他运用自己对炼金术的研究,仅用3年的时间就完成了英国货币的更新。另外,牛顿还两次被选为议会议员。公元1705年,安妮女王亲自封牛顿为爵士,他是英国历史上第一个被封爵的学者。

公元1727年3月31日,牛顿走完了他人生的路程,享年85岁。英国政府为这位科学巨匠举办了隆重的国葬,把他安葬在伦敦威斯敏斯特教堂。

4 波旁王朝的故事

他登上了法国国王的宝座，但面对的却是一个破败的国家。在乱世中，他凭着自己的睿智，赢得了民心，树立了国王的权威。他寻找到一条治国之道，用双手创造了荣耀。他留下了很多故事，让世人去传颂和评说。

○ 三个亨利角逐的故事

公元1572年，亨利继任纳瓦拉王国王位。此时，纳瓦拉王国实质上已经独立，但名义上还属于法国。当时法国的国王与大部分公爵都信仰天主教，亨利则信仰胡格诺教，而天主教与胡格诺教正处于敌对状态。因此亨利从登上王位起就卷入了宗教冲突中。

为缓解教派之间的矛盾与冲突，法国国王查理九世的母亲卡特琳决定把女儿玛尔戈嫁给国王亨利。婚礼定于公元1572年8月18日在巴黎举行。对于当时的天主教徒和胡格诺教徒来说，这是一个非常盛大的庆典。很多胡格诺教徒都去参加亨利的婚礼，胡格诺派中最重要的人物——海军上将克利尼也去了。

但事情却没有那么简单。8月22日，天主教派吉斯公爵亨利雇佣杀手刺杀毫无防备的克利尼，虽然没有得逞，却激起了胡格诺派教徒的愤慨。卡特琳怕胡格诺派会威胁王室的安全，强迫查理九世下达屠杀令，8月23日至8月24日夜，2000多名胡格诺派教徒被残忍屠杀。新婚的纳瓦拉国王亨利因发誓放弃新教信仰，才免于死难。历史上称之为"圣巴托罗缪之夜"。

公元1574年5月，查理九世病逝，他的弟弟昂儒公爵亨利继位，称亨利三世。此时纳瓦拉国王亨利重新信仰新教，亨利三世与他之间存在着矛盾；吉斯公爵亨利的权势也日益扩大，与亨利三世之间存在着矛盾。因此，三个亨利展开了长时间的没有硝烟的战争。

公元1588年，吉斯公爵亨利纠结一部分势力，迫使亨利三世逃离巴黎。不久，吉斯公爵亨利被亨利三世派人暗杀，他的弟弟马延公爵在巴黎扶植一位红衣主教继任国王，并掌控大权，与亨利三世对抗。

为夺回王位，亨利三世与纳瓦拉国王亨利联合。公元1589年，两个亨利的联盟军围攻巴黎，眼看就要胜利，亨利三世却被人刺杀了。亨利三世膝下无子，按规矩，纳瓦拉国王亨利登上了法国国王的宝座，称为亨利四世，他开启了法国的波旁王朝。

亨利四世

"南特敕令"的故事

亨利四世信仰、支持新教中的胡格诺派，而法国人却广泛信仰天主教，因此他登基之初，承认他权威的人很少。亨利四世不愿让宗教问题成为他治国的绊脚石。公元1593年7月，他在一座大教堂中正式宣布自己皈依正统的天主教。亨利此举非常有效，没几天他和巴黎方面就实现了停战。公元1594年3月，亨利四世在巴黎群众的拥护下，进入巴黎，入住王宫，真正成为全国承认的新国王。

但亨利四世皈依正统天主教，自然引起了新教民众的不满。而亨利四世想同时赢得天主教徒和新教徒的心，不想让两派之间的战争持续下去，以利于法国的建设。于是公元1598年，他颁布了著名的"南特赦令"。该赦令规定，法国的国教为天主教，同时还规定，法国全境公民有信仰新教的自由，承认和保障公民的平等地位。

该法令赢得了新教徒的拥护，但巴黎高等法院却不承认该法令的合法性。对此，亨利四世采取了恩威并施的手段，他先把法官召集起来，告诫他们说："我是法国的国王，名副其实的法国国王，你们要顺从。你们这些法官就好像我的右臂，但是如果我的右臂生了病，不听使唤，我就会毫不犹豫地用左臂砍掉右臂。"之后，他对天主教又表现出无比的虔诚，宣布说自己要支持和资助天主教会主办的各种慈善事业，并定期去教堂参加礼拜。终于"南特赦令"得到了巴黎高等法院的认可，并在全国实施起来。

内政外交的整饬

亨利四世是个聪明、勤政、敬业的国王，他认为要想更好地治理法国，就要树立自己的国王权威。巴黎高等法院是法国至关重要的权力部门，亨利四世就任命心腹阿尔莱为巴黎高等法院院长，以免巴黎高等法院给国王的政策唱反调，或试图限制国王的权力。

为强化中央权力，亨利四世大力控制官员的任免，限制地方王公贵族的权力。这一举措引起地方王公贵族们的反对。公元1600年，以比龙元帅和布永公爵等为核心的王公贵族联合起来，伺机夺取王权。当时，法国西部各省对盐税不满，他们就借此机会准备发动暴乱。但亨利四世反应异常迅速，很快就逮捕了比龙，并于公元1602年以叛国罪的名义将其斩首。接着，亨利四世以强大的军队打击布永公爵。公元1606年，布永公爵投降。此时再也没人能够对国王的权威进行质疑。

在树立国王权威的同时，亨利四世还采取一系列措施，以恢复被战争毁坏的法国经济。他任用苏利公爵担任财政总监。苏利先免除了民众1596年的税款，以便调动他们缴纳1597年之后税款的积极性。亨利仅仅严格征收亨利四世之前的税目，没增加新税目。为了发展农业，苏利减免了农民的人头税，招抚流散农民，遣返部分士兵回乡务农。为改善农业生产条件和提高农业生产，政府组织开垦荒地、修建堤坝、疏通河道；请荷兰专家传授排涝技术，印制大量如何提高土地产量的书籍。通过这一系列措施，法国恢复了生机，国库很快充盈起来。

亨利四世遇刺

在外交上，法国同样取得了很大的成绩，1600年之后，法国相继收回了一些被其他国家占去的土地，而在意大利地区，则进行不断的斡旋外交，大大提升了法国的国际地位。

通过内政外交的整饬，亨利四世让破败的法国崛起于欧洲。可惜的是，公元1610年5月，亨利四世被一名天主教徒刺杀，但他创造的丰功伟绩却被法国人民铭记。

Part 6 化思想为力量——推动人类进步的领导者

5 康熙大帝

公元17世纪，俄罗斯疯狂扩张领土，所向披靡。但在哥萨克骑兵向东的不断扩张中，却遭遇了一个与它同样强大的国家，那就是中国。像征服其他国家一样，俄罗斯侵略者依然企图凭借它惯用的暴力手段和骁勇的哥萨克骑兵，把中国的大清王朝踏在自己的铁蹄之下。但它的如意算盘却落了空，清军给了它重重的一击，最终中俄签订了《尼布楚条约》，中国的东北边疆由此获得了一段长时间的安宁。

○ 边境受侵扰

俄罗斯凭借骁勇善战的哥萨克骑兵很快占领了西伯利亚，然后从西向东继续推进扩张，并沿途修建碉堡。在行进的过程中他们发现，被他们征服的地方贫寒荒凉，皮毛多粮食少。他们还发现，在南部的黑龙江流域及更南的地方，土地肥沃，盛产粮食，其他物产也非常丰富。于是他们非常向往并想占领这片土地。但他们也知道，这一丰美的区域属于强大而辉煌的大清帝国。

当时的状况是，俄罗斯人，特别是哥萨克骑兵，习惯凭借刀剑获取他们想要的东西。对于大清帝国的小股士兵，他们并没放在眼里。而清政府却把黑龙江地区看作一片苦寒之地，疏于管理。

公元1632年，俄罗斯政府占领勒拿河流域后，建起雅库次克城，并把它

做为侵略中国的据点和堡垒。此后，俄罗斯人便不断侵扰黑龙江流域，但最初清政府却没有给予足够的重视。

公元1643年夏天，波雅科夫率领130多名士兵沿着勒拿河向南行，冬天，他们跨越外兴安岭，侵入中国境内的黑龙江地区。在这里，他们烧杀抢掠，甚至残忍地杀死百姓。他们的暴行激起了中国人民的愤怒反抗，他们杀死了一部分侵略者。

公元1646年，波雅科夫率残兵败将退回雅库次克，他将黑龙江地区的地形、物产、居民状况等向沙皇政府做了汇报，并扬言要武力征服黑龙江，沙俄政府非常重视。公元1649年，俄罗斯组成70人的侵略军，由哈巴罗夫带领，再次侵入黑龙江，并一度占领了达斡尔族人的雅克萨城寨，但也遭到当地百姓的抵抗，哈巴罗夫回雅库次克求援。

公元1650年夏，哈巴罗夫再次率领130多名士兵，带着大炮和枪支弹药侵入黑龙江，攻占雅克萨城，后又侵入赫哲族人的乌扎拉村，强占城寨，欺压当地百姓。

先礼后兵的抗击

公元1652年2月，清政府派当地守军驱逐俄军，打死士兵十余名，打伤七八十人，沉重打击了俄军的嚣张气焰。公元1657年，俄罗斯骑兵再度入侵，并在额尔古纳河与石勒喀河流域建立两个据点尼布楚城和雅克萨城，企图进一步扩大侵略的范围。此时清政府才重视起来，正式派兵剿灭匪徒。

公元1658年6月，清政府派沙尔瑚达率领战舰在松花江下游与侵略军展开激战，打死打伤俄军270多人。公元1660年，派宁古塔将军巴海率水军与侵略者交战，斩杀敌军60多人，但却仍未打消俄罗斯的侵略念头。大清帝国的康熙帝就决定，一方面对侵略者进行严重警告，另一方面加强和巩固边疆

Part 6 化思想为力量——推动人类进步的领导者

防御工事，侦察地形和敌情，为剿灭侵略者做准备。清兵还割掉俄军种植的庄稼，断绝附近地区与他们的贸易，让俄军陷入困境。

公元1682年末，康熙皇帝派遣清军1500人前往黑龙江，公元1683年夏，又进一步派兵。他们修筑城墙，增强防守能力；设置多处驿站，确保军需供应；屯兵诸城，加强北部边防，以便以后加强对这些地区的管理。

公元1683年秋，清政府正式向俄军发出最后通牒，勒令他们撤出清朝的领土。但俄侵略军不但不予理会，还派小股军队继续烧杀抢掠，清军守将击败俄军，并一路追击，拔掉了他们的几个据点，使雅克萨城成为孤城。但俄军负隅顽抗，没有一点投降的意思。

康熙大帝

公元1685年初，康熙帝命令都统彭春率领3000清军奔赴雅克萨，准备用武力击退侵略者，收回雅克萨城。公元1685年夏初，彭春的军队到达瑷珲，兵分两路，水陆并进，进军雅克萨。为尽量避免双方伤亡，彭春再度先礼后兵，通令俄军主动撤出雅克萨城，但俄军守将根本就没把清军当回事，拒绝从雅克萨城撤军。

清军仁至义尽，毅然下令炮攻雅克萨。在清军的强大攻势下，俄罗斯侵略者伤亡惨重，主动向清军请求撤离雅克萨，彭春答应了。俄军从雅克萨城

撤退到尼布楚附近。彭春留下部分清军断后，其余的胜利班师回朝。

但撤退的俄匪贼心不死，依然寻找机会卷土重来。公元1685年秋，莫斯科派600名援军，俄军再次攻占雅克萨城。俄罗斯的背弃信义激起了清政府的愤慨，康熙帝再次命令清军攻打俄军。公元1686年夏，2000多清军再度兵临雅克萨城下，勒令俄军撤兵，俄军依然不理。清军猛烈攻城，俄军首领托尔布津中炮身亡，但俄军又选出首领，继续顽抗。清军一边切断俄军的一切外援进行围城，一边进行攻打。失去了外援的雅克萨俄军伤亡严重，疾病也让他们死了不少人。眼看清军胜利在望，雅克萨城即将被攻破。就在此时，俄罗斯摄政索菲娅公主派使臣与清政府议和。

○ 签订《尼布楚条约》

公元1689年深秋，清政府与俄罗斯签订《尼布楚条约》，对中俄两国的东段边界进行了划分，确立了黑龙江及乌苏里江流域的广大地区属于中国的领土。同时规定，中国让予的贝加尔湖以东尼布楚地区划归俄罗斯；乌第河与外兴安岭之间的地区为待议区；允许双方边境贸易，俄罗斯因此获得了巨大的通商利益。

《尼布楚条约》是中俄两国签订的第一个边界条约，条约签订后，中国东段边境地区获得了一段相当长时间的稳定，两国的贸易也得到了很大的发展。

6 到瑞典去

在登上王位之前，古斯塔夫·阿道夫就野心勃勃。他登上王位，真正掌握大权时，立即展示出他的雄才。对内，他取得了大贵族的支持，大胆进行军事改革，训练出一支忠诚善战的军队。对外，他不屈不挠，通过出色的军事才干，驰骋疆场，让瑞典迅速崛起，一举成为北欧强国。尽管最后他战死在沙场，但他创造的业绩却辉煌耀眼，光芒无限。

◯ 临危受命

公元1611年，瑞典国王查理九世病逝，他年仅17岁的儿子古斯塔夫·阿道夫继位，史称古斯塔夫二世。

当时，瑞典内忧外患，局势不稳。在国内，大贵族因老国王不友好的政策而对王室充满怨言，他们想借小国王刚登基之机，为自己获取更多的利益，有些大贵族甚至还企图拥立古斯塔夫的堂兄——波兰国王西吉斯蒙德继承王位。在国外，丹麦、波兰和俄国正对瑞典虎视眈眈，而瑞典却军心涣散，武器落后，兵力明显不足。

但古斯塔夫自幼就接受严格系统的教育，尤其擅长兵法，在即位之前就已多次领兵打仗，同时，他还非常善于治理内政。因此面对困难，古斯塔夫并不惧怕，即位之初，他分析仔细分析内外局势，采取了以退为进的策略。

在参政会主席奥克森斯蒂耳那的协调之下，古斯塔夫与大贵族达成协议，扩大参政会和大贵族享有的权势，肯定大贵族经济上的很多特权，规定国王不能随意抢占贵族的领地和财产，不能随意逮捕贵族等。由此他得到了积极拥护，化解了内政危机。

公元1612年，瑞典与丹麦发生战事，由于敌我军事悬殊，瑞典节节败退，局势非常危险。但古斯塔夫没有立即向丹麦求和，而是要求丹麦不要提过于苛刻的停战条件。最终他与丹麦签订了大量赔款的条约，但却为瑞典争得了喘息的机会。借此机会，古斯塔夫进行了引人注目的军事改革。

○ 军事整顿与改革

古斯塔夫针对瑞典军队多是雇佣军，缺乏忠诚度的弊端，实行义务兵役制，规定国内15岁以上44岁以下的男子都要服兵役，让他们成为国家军队的主体力量，他们的利益与国家休戚相关，作战时更能够做到义无反顾。

针对军队武器落后的状况，古斯塔夫对各种武器进行了改进，比如在长矛上裹上铁皮，缩短长矛的尺寸，降低长矛的重量，使本国的长矛比其他国家的易于使用；用火绳滑膛枪取代火绳枪，使枪的口径和弹药标准化等。这样就大大提高了瑞典的武器装备水平。

古斯塔夫还对军队进行了严格、刻苦的训练。他规定士兵一入伍就要不停地进行各种训练：刚一入伍就接受大约两周左右的基础训练，主要学习使用各种武器；接着就进行大部队与小部队的协同作战演练，使步兵、骑兵和炮兵相互配合等等。古斯塔夫还制定严格的军规军纪，不允许部队松懈倦怠。

经过一系列的改革与整顿，瑞典的军事力量得到大大的提升。当军队成型壮大的时候，登基之初吃尽苦头的古斯塔夫就要一展身手了。

化思想为力量——推动人类进步的领导者

◯ 辉煌与荣耀

正当古斯塔夫想找借口挑起战争，检验一下自己训练的军队的时候，他的宿敌波兰正好不识时务地撞在了他的枪口上。

当时新教国家与天主教国家之间的三十年战争刚刚爆发。三十年战争其实也掺杂着各联盟国家对别国领土的追求等因素。瑞典一直认为波兰找机会侵扰它，瑞典本身对波兰也一直虎视眈眈，志在必得。因此，自公元1621年起，古斯塔夫就不断出兵波兰的属国立窝尼亚，并攻占它的首府里加。里加是波罗的海沿岸的一个重要贸易城市，一向是波兰的重要贸易通道，瑞典现在攥住了这个城市，无疑给波兰带来了巨大的压力。于是双方不可避免地发生了战争，在古斯塔夫的指挥下，瑞典军队将波兰的骑兵打得落花流水。

公元1626年，三十年战争已经蔓延到北欧地区。在神圣罗马帝国的著名军事家华伦斯坦的指挥下，天主教联盟国家的军队重创了新教联盟国家，正在向波罗的海推进。新教国家迫切地希望古斯塔夫能够加入到他们中来，但古斯塔夫却早已对普鲁士的许多口岸垂涎三尺，所以，起初他并没有打算加入到新教国家，而是在公元1626年出兵攻打普鲁士。

随着战事的发展，古斯塔夫率军南下，而华伦斯坦则挥师北上，这就预示着瑞典与神圣罗马帝国之间的战事已经一触即发了。公元1630年，瑞典正式卷入三十年战争，古斯塔夫率军进入德意志。而此时的华伦斯坦已被解除兵权，所以古斯塔夫的对手是提利伯爵。

古斯塔夫率军稳扎稳打，步步为营，不仅巩固了自己的后方基地——波罗的海地区，还在一些规模不太大的战役中取得了胜利。公元1631年，德意志内部的一些信仰新教的诸侯投奔到古斯塔夫的军营，古斯塔夫如虎添翼。公元1632年，古斯塔夫与提利伯爵在列克河战役中直接对阵，瑞典军队大胜，

提利伯爵战死。古斯塔夫乘胜率军向天主教联盟的大本营巴伐利亚进发。

在危急关头，华伦斯坦又被神圣罗马帝国皇帝重新任用，他一举击败萨克森选侯的军队，与古斯塔夫在莱比锡附近展开大战，这就是著名的吕岑战役。在这一场战役中，古斯塔夫与华伦斯坦的军事力量不相上下，因此战争相当惨烈，士兵的鲜血染红了战场。后来，大雾弥漫，华伦斯坦的军队疲惫不堪，便借着大雾撤退，古斯塔夫率军紧追不放。就在稳操胜券的时候，他不幸与大部队失联，被神圣罗马帝国军队包围，最后战死在沙场。

但训练有素的瑞典军队却没有临阵慌乱，在其他统帅的指挥下，他们继续奋勇杀敌，取得了吕岑战役的最后胜利。

古斯塔夫二世受命于危难之间，他用他的睿智和军事才能，让弱小的瑞典在北欧崛起。虽然他在战争中死去，但他所创造的荣耀与辉煌却永垂千秋。

吕岑战役

Part 6 化思想为力量——推动人类进步的领导者

7 思想的使者

他是哲学的推崇者，又是宗教的背叛者。为了追求真理，他背离了自己犹太教的信仰，游离于犹太人以外。作为一个犹太人，在欧洲，他又游离于其他血统的人以外。但他却获得思想上的自由，成为思想的使者，徜徉在哲学的海洋里。

◯ 热爱哲学的年轻人

巴鲁赫·斯宾诺莎（公元1632年至公元1677年），公元1632年出生在荷兰的阿姆斯特丹。他的父亲是一个在商业上很成功的犹太人，他希望自己的儿子将来成为犹太教的拉比。但在斯宾诺莎6岁那年，他的母亲去世，从那时候起，他就开始对犹太教产生了怀疑，总是感觉自己要与这个世界脱离。后来，他被送到传统的犹太教会学校学习。在学校，斯宾诺莎开始接触到柏拉图、亚里士多德、布鲁诺、笛卡尔等人的非犹太哲学思想，开始对犹太教经典的是与非产生了怀疑。

走出校门后，斯宾诺莎就帮着父亲打理生意，但他对哲学的追求却越来越炽热。为了扩大能够阅读更多的非犹太教典籍，斯宾诺莎就拜荷兰学者凡·丹·恩德为师学习拉丁文。

在跟随恩德先生学习拉丁文期间，斯宾诺莎爱上了恩德先生漂亮博学的女儿，但却遭到无情的拒绝。求婚的失败沉重地打击了他，但哲学的火焰在

他的心中燃烧得却越来越旺，爱情上心灰意冷的他，决心把自己的一生献给伟大的哲学。

叛逆者的思想和事业

学习拉丁文之后，斯宾诺莎更多地理解了非犹太教典籍，特别是布鲁诺的作品，更是让他产生了怀疑倾向，他开始怀疑灵魂不灭论，怀疑上帝和天使的存在，认为宗教从逻辑上是讲不通的。他对宗教的叛逆很快从思想转化到了行动，他开始公开宣扬自己的"异端"思想，还拒不履行犹太教的各种宗教仪式。

莱茵斯堡的斯宾诺莎故居

斯宾诺莎的叛逆行为引起了犹太教徒的反对和不满，犹太教会的几位长老非常欣赏斯宾诺莎的才华，他们向他许诺，只要他在表面上忠于犹太教信仰，不再到处散布对宗教的"异端"言论，每年都可以得到一笔年金。但斯宾诺莎却坚持真理，蔑视金钱，断然拒绝了长老们抛来的橄榄枝。公元1656年7月，他被革除了犹太教籍。犹太教徒蔑视和诅咒他，疏远他，他的父亲与他断绝了父子关系。后来，斯宾诺莎的父亲去世，他的姐姐曾要剥夺他的财产继承权，后经法院判决，他继承了财产，但随后他又都赠送给了姐姐，因为他只要真理不要财富。

没有任何经济上的资助，他只好自己挣钱养活自己，他找了一份磨镜片的工作，但他磨镜片仅仅是为了维持自己最基本的生存需求，而没有把它作为自己的事业，因为他的事业只有哲学，他把自己的大部分时间和精力都用在了哲学思考上。

4年后，斯宾诺莎跟着自己的老板搬到了莱茵斯堡，在这里他一住就是3年，哲学依然是他的全部，除了他的老板之外，他几乎不与外人交流。也正是在这里，他写出了他的两本重要著作——《笛卡尔哲学原理》和《知性改进论》。公元1663年，斯宾诺莎搬到海牙附近的小城沃尔堡，以便能够专心写作。随着著作的出版，斯宾诺莎结识了哲学家莱布尼茨、科学家惠更斯、荷兰三级会议议长维特等几位朋友。公元1665年，受维特的盛情邀请，斯宾诺莎搬到海牙市内居住。

● 拒绝诱惑的伟人

此时的斯宾诺莎已经名扬整个欧洲，为了一睹这位伟人的尊容，很多人专程前往海牙。人们都以自己接近斯宾诺莎为荣，他俨然成了荷兰的一处名胜。当然，斯宾诺莎的朋友们不想再让他过清贫的生活，纷纷向他慷慨解囊，但他却不肯接受他们的馈赠。据说，一位富商曾经要赠给斯宾诺莎一大笔钱，可是他却断然回绝了。这位富商在临死前，要把自己的所有遗产都赠送给斯宾诺莎，他再次拒绝。最后富商提出，每年给他一笔年金，斯宾诺莎盛情难却，再也难以推辞，只好接受其中的一部分。

法国的国王路易十四，因敬仰斯宾诺莎，曾经派人劝说斯宾诺莎，只要斯宾诺莎在他的下一部著作上签署上"献给法国国王陛下"这几个字，就发给他一大笔年金。正直的斯宾诺莎却回复道，他不会将他的著作献给他并不敬佩的人。

公元1673年，颇具盛名的德国海德堡大学要聘请斯宾诺莎做哲学教师。

当时，能够做海德堡大学的教师是件非常荣耀的事情。校方担保尽量给斯宾诺莎自由的空间，让他讲授他自己的哲学思想，但是校方也有一个要求，就是让他答应不质疑荷兰的宗教信仰。这个要求让斯宾诺莎拒绝了校方的盛情邀请，他给校方回了一封信，说他拒绝的理由是：他不知道校方所谓的自由讲授哲学思想的界限在哪里，他无法保证自己不对荷兰的宗教信仰提出疑问。

斯宾诺莎拒绝了一切诱惑，独自沉浸在哲学的海洋里。世界再怎么喧嚣也是世界的，他的世界永远宁静和深邃。

公元1677年2月21日，天气非常寒冷，日渐羸弱的斯宾诺莎再也没能支撑住，他在孤独寂寞中离开人世，他的伟大的、深邃的哲学思维就此也画上了句号。

斯宾诺莎

Part 7

暗涌下的浪潮——一场阴谋与利剑的革命纷争

　　18世纪，欧洲的格局发生着剧烈的变化，历史毫无情面地将一些国家拉下马，又非常慷慨地将一些国家推上世界舞台。战争考验着每个国家的生存能力与技巧。这一时期，雄主迭出，他们野心勃勃，开疆拓土，挑起战争，搜刮民脂民膏。但正是有了这些雄才伟略的君王，历史才更具有绚丽的色彩和耐人寻味的味道。

　　这还是一个启蒙时期，涌现出许多先贤圣哲，他们用理性之光普照着人间，揭开一个又一个的谜底，用文字打开人们的心扉，成为革命的旗手为自由、民主与平等摇旗呐喊。

1 太阳王

他自己号称太阳王，在那贵族势力挤压王权的年代，他修建了凡尔赛宫，让法国天下的贵族入住其内，让凡尔赛宫成为法国的权力中心；他巧妙而创造性地削夺了贵族的权力，建立了法国特色的中央集权制。同时，他像太阳一样光辉灿烂，所以拥有一群能干的"官老爷"，他们辅佐他将法国推向辉煌与鼎盛。

○ 天下贵族迁驻凡尔赛宫

法国的中央集权建设早在路易十三时期就已经开始了。路易十三的权臣马扎然是个干才，他精明能干，深谙权术之道。在他的辅佐下，法国实力强大的各地贵族被迫向中央臣服。

路易十四执政之后，自号太阳王。为进一步剥夺各地贵族的权力，他想出了一个好办法：修建凡尔赛宫，让天下贵族"入住"。

公元1661年，开始修建凡尔赛宫，公元1682年5月6日，路易十四号令法兰西王室入驻凡尔赛宫，各地的权势贵族纷纷响应，积极入驻，从而使凡尔赛宫成了法国的权力中心，同时更是为法国开启了一个新时代。

路易十四的寝宫坐落在凡尔赛宫的正中央，为了不让入驻的贵族整日无所事事，让他们人人都有事可做，路易十四把自己的饮食起居分成繁多而精细的工序，让这些贵族分工去做，他们的身份既是贵族，又是国王忠实的仆人。

Part 7 暗涌下的浪潮——一场阴谋与利剑的革命纷争

在凡尔赛宫里，路易十四彻底丢弃了法国原来的宫廷礼节，凡是迁驻进来的贵族、贵妇人，都是他的座上宾。贵族们居住在凡尔赛宫，不仅不再产生分裂的想法，还整日为取悦路易十四而大显身手。路易十四的凡尔赛宫和他的这一新的宫廷礼仪，让欧洲各国王室都非常羡慕，奥地利和俄国也效仿他开始修建自己的凡尔赛宫，并将法兰西宫廷的新礼仪也搬到自己的王宫来。

路易十四的凡尔赛宫

○ 一群能干的"官老爷"

路易十四把全国的贵族们都"装进"凡尔赛宫后，地方的权力自然就落到了路易十四的手中。太阳王光辉灿烂，魅力无限，因而他的周围有一群能干的官僚，围绕簇拥着他，为他效力和服务。

为轻松地掌控地方事务，路易十四在每个省都派驻了检察使，让他们掌管地方的司法、财政、治安等大权。这些官僚在地方没有根基，而且路易十四还完全掌握他们的官运，因此他们不仅不会发展成割据一方的诸侯，反而是国王命令的忠实执行者，对国王更忠心。

在中央，路易十四也拥有一个高效有力的官僚队伍。当时，法国拥有一

大批杰出的中央官员，他们是法国的中枢系统，是路易十四的左膀右臂，其中最著名的官员是科尔伯。

科尔伯是一位位高权重的大臣，他兢兢业业，忠实服务于国王。最初他担任的是财政大臣，当时欧洲盛行"重商主义"，而法国的重金属却很少。

科尔伯认为，要想增加法国国库里的黄金，就必须减少其他国家的黄金储备。为了增加法国的国库收入，科尔伯认为地主具有承担更重负担的能力，就增加了地主的税率。为了使税收快速增长，科尔伯在国内推行包税制，对食品和酒类征税。为了发展和保护海外贸易，他认为法国需要建立一支强大的海军。为此，他在法国沿海地区征招水手，对他们进行海军训练，为法国海军的建设，培养和储备了一支强有力的后备力量。

太阳王路易十四

法国贵族势力的衰落与官僚队伍的兴旺是同步进行的，它是法国中央集权体制兴起的标志。法国的中央集权体制是开明的、别具风采的，正是在这种"开明专制"的大背景下，太阳王与他的贵族之间进行着各得其所的游戏。

2 纸币之父

纸币之父约翰·劳，一生四处游荡，生活阅历丰富。他曾经让整个法国狂热地陷入发财梦，让很多人一夜暴富，也曾让很多人一夜之间身无分文，陷入破产的境地。因此在经济学史上，他饱受争议。他对货币和金融颇有研究，试图推行纸币，最终却没有取得成功。但三百多年之后，他设想和倡导的梦想却得到了实现，纸币成为主要流通货币变成了现实。

● 闯荡世界

公元1671年，约翰·劳降生在苏格兰的爱丁堡，他的父亲是一个金匠，幼时的他生活比较富足。14岁那年，他给一个会计事务所当学徒，开始接触和学习会计、金融等知识。公元1688年，他的父亲去世，他就决心去伦敦闯荡。初到伦敦时，约翰·劳总幻想着自己能够一夜暴富，因此，他凭着自己极高的天赋，经常出入赌场，并成为赌场的高手，而且在伦敦也很有名气。可是在一次赌局中，他却大败而归，不仅输光了他口袋里所有的钱，还输掉了他在苏格兰的家产，并欠了一屁股债，他为此感到焦头烂额。就在此时，一个人为了女人找他决斗，约翰·劳当场答应了挑战，而且很快就击败、杀死了挑战人，法院因此判他谋杀罪。约翰·劳被迫逃往欧洲，一住就是3年。在欧洲，约翰·劳潜心研究了欧洲各个国家的货币及其金融制度。

○ 建议发行纸币

公元1705年，约翰·劳回到家乡，为给自己能够在苏格拉政府供职获得一纸特赦令，他撰写了一本关于经济改革的小册子，提出了很多经济改革方面的建议。其中最重要的一条是建议发行纸币，减少商品流通对金属货币的依赖性，为商品流通提供充足的货币。他的建议在苏格兰引起了一番激烈的争论。争论之后，苏格兰政府不仅没采纳约翰·劳的建议，反而还要把他缉拿归案。约翰·劳再次仓皇逃往欧洲大陆，依靠着自己的精明和运气，约翰·劳重操旧业，出入各类赌场，他过上了富足的生活，同时还结识了欧洲的很多名流。

约翰·劳

○ 赌场心得

在欧洲的14年，约翰·劳闯荡过法国、德意志、荷兰、意大利、匈牙利等国，对各国的货币和金融事务都进行过深入的了解和研究，成长为一名具有丰富经验的金融家。

约翰·劳常年在赌场上摸爬滚打，充分认识到了货币的重要性。他认为，无论是国家的权力还是财富，均离不开贸易，贸易则离不开货币。而货币能激励人们去革新产品，从而推动社会生产与贸易。因此，要想在权力和财富上与其他国家平分秋色，就应当在货币数量上与它们旗鼓相当。

暗涌下的浪潮——一场阴谋与利剑的革命纷争

◯ 炼金试验

公元1715年路易十四去世，年仅七岁的路易十五执政，奥尔良公爵摄政。当时的法国债台高筑，国库亏空，财政陷入困境，这为约翰·劳推行自己的理论与设想提供了土壤和机会。

当时欧洲重商主义盛行，各国发展商业的目的都是为了赚取更多的黄金，国库里金银充盈才是国家强盛的表现。而约翰·劳的观点则是，过于崇拜贵金属势必会限制流通中的货币数量，而法国就是因为缺少货币，所以商业流通不畅，经济发展受阻，法币频频贬值。只有发行纸币，并用纸币代替贵金属，才会激活商业流通，大大推动商业的发展。但同时也要成立专门机构，管理财政与税收，发行纸币也要以全国的土地和税收为基础。

焦头烂额的奥尔良公爵病急乱投医，他采纳了约翰·劳的观点。公元1716年，奥尔良公爵授权约翰·劳成立劳氏公司，开始发行纸币。起初纸币发行的数量很小，保持了稳定与坚挺，人们便相信并愿意持有纸币。约翰·劳初试成功，奥尔良公爵喜出望外，决计用纸币代替所有的金属货币。

劳氏公司的生意火爆起来，约翰·劳还要实施更宏大的计划。他要以法国在美洲殖民地的贸易权为基础发行股票，成立密西西比公司，并且这个新成立的公司不仅兼并了法国的西印度公司，还获得了法国的研究包税权。因此人们对密西西比公司充满信心，法国到处都是抢买股票的声音，人们陷入投机的狂热之中，密西西比的股票一路飙升。劳氏公司也摇身变成法兰西银行，大量发行纸币，人们用纸币购买股票，投机取巧，很多人因此一夜暴富。法国的商业流通被激活了，约翰·劳顿时成了金融市场的教主，登上权力的巅峰。

但飘飘然的约翰·劳却忘记了发行纸币需要与流通中的金属货币量保持一致这个原则。当海量的纸币涌入市场时，随之出现的是一个巨大的金融泡沫，公元1720年，这个虚假繁荣的泡沫破裂了，一切都化为了乌有，很多人一夜间财产尽失，他们陷入了被骗的狂怒中，约翰·劳也变成了千古罪人。他身无分文，无处安身，只得再次出逃到威尼斯，重新干起了他的赌徒生活。

就这样，一次炼金的试验和货币的冒险行动以失败告终，但人们却铭记了这段历史。

3 席卷欧洲的启蒙运动

文艺复兴运动使人类在自然科学领域取得了巨大成就,科学家们用科学原理揭开了很多自然界的奥秘,颠覆了教会坚持的很多荒谬说教,人们的思想也为之振奋,并充满了更多的自信。而此时随着资本主义的进一步发展,新兴的资产阶级强烈要求摆脱封建专制的统治和教会的压迫。于是,在一些先进思想家的倡导下,他们首先在思想领域掀起了一场反对封建专制统治和教会思想束缚的思想解放运动,这一空前的轰轰烈烈的运动被称为启蒙运动。

启蒙运动的过程

公元17、18世纪,欧洲一些先进的思想家认为,截止到他们生活的那个时代,之前的人们一直在漫漫黑夜中行走,因此应该用理性之光来驱散黑暗,引导人们走向光明。于是他们就宣传自由、平等和民主,并著书立说,猛烈地批判和抨击封建专制主义和宗教的愚昧无知,这就是著名的启蒙运动。

这场席卷欧洲的运动,不仅仅是一场提倡反对愚昧、启迪蒙昧、普及文化教育的文学运动,它更是一场资产阶级的思想大解放运动,是文艺复兴时期资产阶级反封建、反教会、反禁欲斗争的发展和继续。这些先进的大思想家们从人文主义出发,从理论上进一步论证了封建制度的不合理,提出了一整套的哲学理论、政治纲领与社会改革方案,提出要建立一个以"理性"为基础的社会。他们倡导政治自由,反对专制暴政;打起"天赋人权"的口

号,反对"君权神授"的观点;主张"在法律面前人人平等",反对贵族等级特权,进而建立资产阶级的政权;提倡信仰自由,反对宗教压迫;运用自然神论与无神论,摧毁天主教权威与宗教偶像。

启蒙运动最先发生在英国,后来逐渐发展蔓延到法国、德国和俄国,再后来又波及荷兰、比利时等国,声势浩大,席卷了整个欧洲。其中法国的启蒙运动战斗性最强,声势最浩大,影响也最深远,是西欧各国启蒙运动的典范,因此法国成为启蒙运动的中心。

法国的启蒙运动

公元18世纪,法国依然是君主专制的封建国家,国王和教会仍然控制着国家的经济命脉和思想观念。国王贵族生活奢侈,挥霍无度,国库亏空,王权与天主教会相互勾结,盘剥农民,使农民苦难不堪。他们还实行文化专制和推行蒙昧主义,对信仰异教和思想进步的人进行疯狂残害。但无论他们如何绞尽脑汁地维护自己的利益,也都不能阻止新兴进步力量的壮大。新兴的资产阶级强烈渴望摆脱旧制度的枷锁,在经济、政治和思想方面获得大解放。因此,源于英国的启蒙运

法国的启蒙运动

动，在法国得到了最广泛的拥护和发展，影响也最深刻，涌现了很多杰出的思想家、哲学家和文学家，这些杰出的先锋战士著书立说，反对封建专制，反对天主教会，并提出了很多新的思想和主张，主要有以下几点。

一是对人民发起启蒙运动。他们认为人民贫穷、备受欺压的原因是物质和迷信，因此他们"启"发人民的"蒙"昧，以便建立美好的社会。

二是反抗权威。针对法国当时国王、教士和贵族专权和欺压，受牛顿、洛克、笛卡尔等物理学家与政治哲学家的影响，法国哲学家号召人民反对权威，追求独立，崇尚自由。

三是崇尚宗教自然化。他们认为，宗教必须自然化，必须与"自然"的理性和谐共存。

四是追求人权。他们认为个人权利不可侵犯，主张妇女与男人一样有"自然权利"。法国大革命期间很多妇女就积极地投入到反抗封建政权的斗争中，她们领导游行示威，迫使国王离开凡尔赛宫，成立妇女团体，要求享有参政权，提高妇女的社会地位等。

五是对文化持乐观态度。他们认为，非理性和无知的行为与做法迟早要被"文明"的人性取代，一旦知识普及和理性发达后，人性就会得到很大进步。

六是崇尚回归自然。他们认为人的理性是大自然给予的，而不是宗教或者"文明"的产物，因此提出了"回归自然"的口号。

七是他们坚决相信人的理性。他们认为他们有义务和责任根据人不变的理性为道德、伦理和宗教奠定基础。因此法国的启蒙运动时期又称为"理性时代"。

代表人物及主要思想

在启蒙运动中，涌现出了一大批先进的、新兴的思想家、哲学家、文学家，代表人物主要有法国的伏尔泰、孟德斯鸠、狄德罗、卢梭，德意志的康德，英国的霍布斯、洛克等。他们前赴后继，口诛笔伐，猛烈抨击了封建专制制度和天主教会，展望和描绘了未来社会的宏伟蓝图，开启了民智，使人们的思想得到了大解放，在思想上和理论上为欧美革命做好了准备。

启蒙运动的领袖人物之一伏尔泰，是启蒙运动的杰出领袖。他主张天赋人权，崇尚自由和平等，主张在法律面前人人平等，反对天主教会和封建君主专制等。他的思想和主张在欧洲影响巨大，因此有人说"18世纪是伏尔泰的世纪"。他的主要著作有《哲学通讯》《路易十四时代》等。孟德斯鸠提出"三权分立"学说，认为国家的权力应该分为立法权、行政权和司法权，三权彼此制约，他还反对君主专制。其主要著作有《论法的精神》《波斯人的信札》等。狄德罗是百科全书派的代表人，主编了法国第一部《百科全书》。卢梭的思想精华则是人民主权思想，提出了"主权在民"的主张，认为一切权利应属于人民，主要著作有《社会契约论》《论人类不平

伏尔泰

等的起源和基础》等。康德则在9年内出版了一系列的伟大著作，引起了一场哲学思想上的革命。他认为启蒙运动的核心是，人应该独立思考，理性判断；强调人的重要性，相信主权属于人民等，主要著作有《纯粹理性批判》《实践理性批判》《判断力批判》等。而霍布斯则代表了英国资产阶级上层的利益，他认为国家不是根据神的意志创造的，而是人们通过社会契约建立的；君权不是神授的，而是人民授予的，但并不反对君主专制等，他的代表作为《利维坦》。洛克对霍布斯的思想进行了修正，他认为，人们按契约创造国家是为了保护私有财产，所以国家不应干涉公民的私有财产。在政权形式上，他赞成君主立宪制，他的思想后来被孟德斯鸠继承和发展，变成了立法、行政和司法的三权分立模式。

4 一场打了七年的战争

公元1756年至公元1763年爆发的英法7年战争，不仅遍及整个欧洲大陆，还波及了北美大陆和印度次大陆。英法为争夺殖民地的角逐与普奥为争夺东北欧统治权的较量交织在一起，使这场战争变得更加错综复杂。战争结束后，国际格局发生了巨大变化，英国成为最大的赢家，殖民地遍布各个大洲；普鲁士经过7年战火的历练，很快成为一大强国，主导东北欧；法国损失惨重，海外殖民地丧失殆尽；奥地利也没从腓特烈大帝手中夺回西里西亚。

北美大陆的战火

公元18世纪中期，在北美大陆上，英国的殖民地势力范围主要在大西洋沿岸，法国的则多在内陆。两个宿敌百年的殖民大国，来到北美大陆也不肯放下刀枪，为了争夺殖民地，他们经常擦枪走火。

英国想要侵占法国的殖民地并向西继续扩张，法国对殖民地已经营多年，肯定不容他人侵占。法国在俄亥俄流域建立起军事堡垒，双方的军事摩擦开始不断升级。

北美大陆的土著居民为印第安人，他们对这里的山川河流、水陆交通都了然于胸。起初，英国自恃人多势众，没把印第安人放在眼里，没取得印第安人的帮助，所以处处被动，到处挨打。公元1755年，英国陆军上校爱德华·布拉多克率领大军向西部内陆进发，由于不擅长丛林作战，尽管他们人数众多，却被小股的联合印第安人的法军在丛林中折磨得死去活来，只得狼狈而归。

此后，英国就改变了策略，获得了印第安人的帮助后，就调集重兵，向北美腹地挺进。皮特上台之后，英法对抗的主战场转移到了北美。到公元1761年，英国不仅夺取了密西西比河流域，还将魁北克收入囊中，把法国人被赶进了大西洋。大西洋岸边的战争结束。

打了七年的战争

在欧洲大路上，普奥之间的矛盾也愈演愈烈，势同水火。腓特烈大帝继位不久，就派兵侵占了奥地利的西里西亚，奥地利女皇玛丽亚·特雷西发誓要夺回西里西亚。

英法、普奥之间矛盾重重，欧洲外交形势变化多端，扑朔迷离。公元1756年1月16日，英国与普鲁士结为同盟；不久，法国与宿敌奥地利也结为同盟和亲家，特雷西将女儿许配给了法国王子。

普鲁士陷入法奥俄的三面包围之中。当时，普鲁士仅有400万人口，是奥地利人口的1/3，法国的1/5。面对强敌，腓特烈大帝勇敢地选择了战争。

战争爆发后，在腓特烈的指挥下，普鲁士的步兵军团四处征战。奥法等国纠集30万联军进攻柏林，而腓特烈却仅有6万人。奥法俄三国联军虽然人多势重，但各行其是，缺乏统一的指挥，腓特烈抓住战机，避其锋芒，攻其弱点，一招制胜。公元1757年11月5日，腓特烈亲率2.1万军队，攻打罗斯巴赫的法军，歼敌6000人，击溃法军的苏比斯部。这次战役是德意志人第一次战败法国，大大振奋了普军的士气，也让自称欧陆第一陆军的法军颜面尽失。

紧接着，腓特烈又取得了三次决定性的胜利，普军声威大振。法国甚至提出要与腓特烈媾和，来结束这场战争。但奥地利女皇特雷西却坚持非要夺回西里西亚，战争继续进行。

但毕竟面对的是欧洲三大强国的围攻，普鲁士渐渐不支。公元1759年8月20日，俄军攻陷柏林。为保存有生力量，腓特烈撤出柏林。

普鲁士胸甲骑兵决定性的冲锋

到了公元1761年，英国已悉数将法国的海外殖民地收入囊中，便不再对普鲁士提供金钱支持，并希望普鲁士求和；西班牙也加入了奥法阵营，把普鲁士逼到了山穷水尽的边缘。就在此时，俄国女皇伊丽莎白病逝，彼得三世继位，他非常崇拜腓特烈大帝，一登基就与腓特烈罢战言欢，还交给腓特烈一部分部队，形势瞬间发生了逆转。

法国失去了所有的海外殖民地，无心继续进行战争。公元1762年，腓特烈大帝集中兵力攻打奥地利。特雷西失去盟军，势单力薄，只得求和。公元1762年11月3日，普奥签署停战协定，这场打了7年的战争终于落下了帷幕。

战争对各国的影响

7年战争结束后,国际格局发生了巨变。英国是这场战争的最大受益者,不仅夺取了北美的法国殖民,还将印度的法国殖民者赶下了印度洋。

18世界普鲁士军人

普鲁士在这场战争中虽然损失惨重,但战后腓特烈采取了一系列的措施,不仅使国内的经济得到了恢复,人口得到了增长,还伙同俄国瓜分了波兰,支援过美国的独立战争,普鲁士一跃成为欧洲一流的强国。法国在这场战争中损失最为惨重,不仅丢失了海外的殖民地,还失去了仲裁欧洲大陆事务的发言权。奥地利虽然想通过这场战争收回西里西亚,但最终却一无所获。

摆脱英国的控制

公元18世纪30年代，在北美大西洋沿岸，英国已拥有13个殖民地。英国人一方面加强对殖民地人民的剥削，一方面限制当地经济的发展。即便如此，北美殖民地的经济还是逐渐发展并强大起来，民族独立意识也逐渐觉醒。北美人民日益渴望摆脱英国的控制，他们走向联合，向英国殖民统治者展开了的英勇卓绝的抗争。

逐渐强大起来的北美殖民地

从公元1607年起，到公元18世纪30年代，英属北美各殖民地经过一百多年的发展，已经初步形成了统一的贸易市场。英语成为各殖民地的通用语言，逐渐形成了共同的文化，这样就开始产生了美利坚民族。同时，新兴的资本主义经济也得到了较快发展，并成为经济发展的主流。公元18世纪上半期，受启蒙思想传播的影响，英属北美殖民也涌现出很多杰出的思想家，如富兰克林、杰斐逊等。殖民地人民的民族和民族意识开始觉醒，并日趋增强。

公元18世纪中期，北美殖民地的经济迅速发展起来，南部以种植园经济为主，中部盛产小麦，北部工商业发展迅速，而且北美的很多产品在国际上颇具竞争力。英国在"七年战争"中，夺取了法国几乎全部的北美殖民地。但战争不仅给殖民地人民带来了无数灾难，还导致了英国财政出现了困难。英国政府就颁布《印花税条例》和《唐森德税法》，不断增加北美各殖民地的税收，并对殖民地人民实行高压政策，对殖民地人民横征暴敛，残酷压榨和剥削他们。同时英国为使北美永远作为它的原料产地和商品市场，极力压制殖民地的经济发展。例如，英国当局颁布法令，不许当地居民向西开拓，禁止他们发行自己的纸币；对他们课以重税和解散他们的议会。因此，殖民地人民渴望独立，渴望摆脱英国的控制，他们发动大规模的游行示威，与英国人展开了对抗。双方矛盾日益激化，最终导致了独立战争的爆发。

○ 独立战争的爆发

公元1770年3月5日，波士顿居民反抗英国政府的暴政，英军向反抗的居民开枪射击，制造了"波士顿惨案"，激起了殖民地人民的愤懑和抵抗。公元1773年12月16日，波士顿人民反抗英国东印度公司的茶叶垄断贸易，革命分子塞谬尔·亚当斯带领150名当地人，打扮成印第安人模样，偷偷爬上3艘商船，捣毁船上货物，将船上342箱茶叶倒入港口内。英政府下令关闭波士顿港口，调集战舰和军队，勒令偿还被倒掉的茶叶钱。新泽西州前州长本杰明·富兰克林表示愿用自己的钱赔偿，英国却认为他是挑衅殖民政府。这就是著名的波士顿倾茶事件，它成为美国独立战争的导火索。

波士顿倾茶事件

公元1774年英国当局颁布了5项"不可容忍的法案"，更加激化了双方的矛盾，也使北美各州走向了团结和联合。

公元1775年4月18日，800名英军奉命前往波士顿附近的康科德，准备销毁殖民地民兵的武器库，拘捕当地的"通讯委员会"成员，波士顿的银匠保罗·里维尔获悉，快马驰赴莱克星敦和康科德报信，民兵立即作出防卫。4月19日清晨5时左右，莱克星敦的民兵阻拦英军，英军突然向猝不及防的民兵开枪，打死打伤十多人。随后在康科德，民兵与英军正式交火，打响了美国独立战争的第一枪，这次交战英军损失273人，民兵损失95人。公元1775年5月，第二届大陆会议召开，决定将殖民地的民兵组建成正规的大陆军，任命乔治·华盛顿为大陆军总司令；7月4日，杰斐逊起草的《独立宣言》正式印刷出版，它是美利坚合众国作为一个国家的出生证明，极大地鼓舞和坚定了美利坚民族实现自由和独立的决心。

独立战争的经过

美国独立战争分为三个阶段。

第一阶段为公元1775年至公元1778年，主战场在北部，为战略防御阶段，大陆军处于弱势，英军占绝对优势。战争爆发后，英军势力强大，主动向美军进攻，企图尽快扑灭殖民地人民的革命烈火，迅速结束战争。而大陆军由于力量弱小，除在战争初期向加拿大远征一次外，其余基本上都处于防守的态势，直到公元1777年夏，在萨拉托加战役中，美军和游击队对英军进行长时间的围攻，迫使英军向美军投降，才扭转了战局。萨拉托加战役也成为独立战争的转折点，此后，法国、西班牙、荷兰、俄国等国相继加入到对英的战争中来，使北美的独立战争，扩大成为遍及欧、亚、美三大洲的国际性反英战争，英国陷入孤立无援的境地。

第二阶段为公元1779年至公元1781年，主战场由北部转移到南部，是以萨拉托加战役为标志，战争进入相持阶段，美军以弱胜强。新任统帅克林顿

Part 7 暗涌下的浪潮——一场阴谋与利剑的革命纷争

上任后，英军决计将主力转移到南部，企图利用美南部诸州之间的矛盾，各个击破，并利用沿海基地与纽约牵制北部。而美军则与法国陆海军加强配合，掌控沿海基地，同时开展灵活的游击战，以少胜多，以弱胜强，一次又一次地击败了英军，粉碎了英军的计划，迫使英军从内地撤向沿海，并收复了除萨凡纳和吉尔斯顿以外的南部土地。

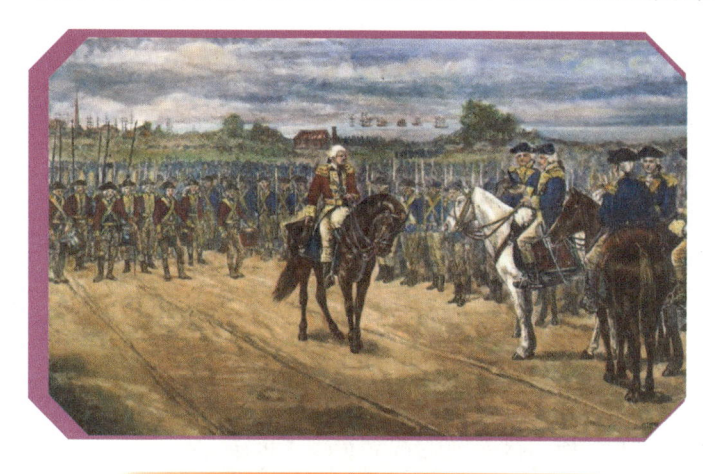

约克敦战役英军向美及法军投降

第三阶段为公元1781年4月至公元1783年9月，为战争的反攻阶段。公元1781年8月，在弗吉尼亚半岛顶端的约克敦，华盛顿亲率法美联军与英军进行决战，在强大的围攻和炮火轰击下，英军走投无路，请求投降谈和。10月19日，英军向美军缴械投降，北美战事基本结束。

《巴黎条约》的签订

公元1783年9月3日，英国与美国在凡尔赛宫签订《巴黎条约》，该条约共有10条，第一条为"英王陛下承认合众国为自由、自主和独立的国家"，英国正式承认美利坚合众国成立。条约还确认美国的版图为东起大西洋沿岸，西至密西西比河，南至佛罗里达北界，北接加拿大五大湖区；英国全部的军队和舰只从美国境内所有的港口、地区、港湾撤出等。《巴黎条约》的签订，标志着美国正式摆脱了英国的殖民统治，完全获得了独立。

6 被砍头的国王

在波旁家族中，路易十六或许是最没权力欲望的人，但他却最倒霉。当他登上祖先留给他的国王宝座时，大革命的浪潮汹涌而至。这位旧社会的主人，就像旧社会的一粒普通尘埃，被革命的浪潮卷向了天国。

◎ 与立法议会之间的明争暗斗

公元1791年9月，法国颁布历史上第一部成文宪法，国民议会被国民立法议会代替。路易十六对颁布的宪法很不满意，但也没有表示反对。

法国的宫廷与立法议会之间也在明争暗斗。路易十六是国王，但却没有实权和地位，宫廷非常有意见。立法议会派60人拜见国王，路易十六避而不见，仅派一个大臣接待，立法议会觉得很没面子，议员们对路易十六的怠慢感到非常郁闷；依照法律规定，在议会中须专门给国王设一把御座式的扶手椅，还要对国王称呼"陛下"或"主上"。而有些议员则提议让国王坐一把普通的椅子就行，再用"陛下"和"主上"称呼国王不合适，因为现在的国王与百姓是平等的。对此，宫廷则表示，如果不依照法律招呼国王，国王就不去国民立法会议。其实这样的争斗对路易十六来说非常不利，毕竟国王的权力已经转移给了议会。与议会为敌，肯定没有任何好处。

路易十六还算识时务，他还是去了议会，并采取了和解的态度，还称赞国民立法议会。他在国民立法议会中发表演说时也完全是一副立宪君主的姿态，表示自己将动员军队来打击各种反革命势力，以保护国家的安全与尊严，确保人民的各项权利，并衷心希望能与议会保持良好的合作关系，让法国走出困境等。他的演讲赢得了议员们的热烈欢迎。

与革命决裂

路易十六表面上与议会保持和谐，但他对立法议会和君主立宪制都缺乏信心和信任，更重要的是他感到没有安全感。因为当时的法国尽管颁布了立法，进行了各个方面的改革，但却重兵压境，欧洲的各国君主结成反法同盟，对巴黎虎视眈眈。国内流亡的贵族和教士不断制造叛乱。党派斗争日益剧烈，影响较大的有吉伦特派、保王派和雅各宾派。吉伦特派是中间派，它虽不想颠覆政府，但却全力支持革命，代表人为布里索。保王派与宫廷关系密切，属于右派。雅各宾派是激进的革命派，主张推翻君主，建立新的政权，代表人为罗伯斯庇尔、丹东等。

在这种形势下，法国要建立稳定的君主立宪政体确实是难上加难。因此，议会通过了三条法令：一是限令国王的弟弟在两个月之内必须回国，不然就取消其摄政权；二是限令流亡在外的贵族，尤其是集聚在法国边境的贵族在1792年1月1日前解散，否则以叛国罪判处死刑，没收财产；

法国国王路易十六

三是令拒不宣誓的教士宣誓效忠宪法，否则就取消其薪水，并将其看作叛乱嫌疑分子进行严密监视，一旦出现叛乱，就立即拘捕收押他们。

议会把这些法令交给路易十六，可是他仅批准了第一条。因为他不想让他的弟弟在境外惹是生非，威胁他的王位。路易十六不想对教士和贵族进行严苛的惩罚，所以他拖延着不批准后两条。他到议会为自己的行为辩解，还把人们的视线转移到了对外战争。公元1792年，路易十六向奥地利宣战，但战争却接连失败。此时，雅各宾派占据上风，他们号召法国转入战时体制，并要求国王批准后两条法令。沉默几天后，路易十六决计与革命决裂。公元1792年6月13日，路易十六公然否决议会的法令。他的这一举动激怒了激进派。

国王被斩首示众

随着战争的进展，路易十六又变成了革命的敌人，雅各宾派逐渐占据了上风。公元1792年8月10日，巴黎民众发动起义，在雅各宾派的号召和指挥下，法国人民奋不顾身地抗击入侵的敌人，取得了瓦尔米战役的胜利，扭转了战局。此时保王派也倒下了，路易十六被革命派拘捕入狱。

以罗伯斯庇尔为代表的雅各宾派要求处斩国王，建立彻底的革命政权，没有几个人为路易十六进行辩护。而且议会发现，公元1791年，路易十六在信件中写道：倘若他再次当权，将恢复旧制度，恢复教士们的权利；他还盼望各国联军能够尽快击败法国，镇压激进的革命分子。这表明，路易十六一直在策划反革命和叛国。

但路易十六毕竟是一个国王，现行的法律中没有给他定罪的合适条款，也没有审判他的法庭，议会就此展开了激烈的争论。有人认为，尽管国王曾经是权力的象征，没有合适的机构审判他，但现在他已经不再是国王，而是一个普通的公民，他犯了叛国罪就理应交给法庭审判。

Part 7 暗涌下的浪潮——一场阴谋与利剑的革命纷争

圣茹斯特认为，根本就不需要审判，可以将路易十六直接处斩。因为他是敌人，是需要打倒他，而不是审判他。罗伯斯庇尔同意圣茹斯特的观点，既然路易十六是叛国贼和人民的罪人，就必须将其处死。最后，国民公会对路易十六进行了审判。公元1793年1月21日，在巴黎革命广场，路易十六被斩首示众，同年10月，他的王后玛丽·安托瓦内特也被处决。

路易十六被斩首示众

Part 8

旧世界，新势力——在开拓和掠夺中前进的殖民

19世纪，世界殖民争霸进入高潮，世界上几乎所有的土地都被殖民者瓜分殆尽。但随着时代的发展，世界上老牌殖民大国逐渐衰弱，后起的强国也跃跃欲试地加入争夺殖民地的战局。于是，世界殖民史的主旋律进入到争霸时期。

一幕幕血与火的全球殖民争霸剧目在现实的世界中上演，拿破仑、宰相俾斯麦等伟大的历史缔造者，成为不容置疑的主角。无止境的贪婪，将争夺又推向一个新高峰。最终第一次世界大战的爆发，世界的旧格局逐渐被打破，新格局随之逐渐成型。历史的车轮永不停息，滚滚向前。

1 了不起的拿破仑

他出身于旧贵族，自幼深受科西嘉独立主义影响，小小的胸膛装满科西嘉民族主义，为此他发奋汲取他所需要的一切知识。他经受启蒙思想的洗礼，大权在握之后尽情施展自己的才华，保全了大革命初期的革命果实，但同时他又让法国恢复帝制，从此横扫欧洲，翻开欧洲历史新的一页。他就是了不起的拿破仑。

科西嘉独立意识

公元1768年，意大利国王将所属科西嘉岛转卖给波旁王朝统治下的法国。公元1769年8月15日，在岛屿西岸的阿雅克肖城，意大利没落旧贵族夏尔·波拿巴的次子降生。喜悦的父亲对这个刚出生的孩子寄予厚望，给他取名拿破仑·波拿巴，希望他成为"荒野雄狮"。

科西嘉的易手，使岛上的很多居民产生了强烈的科西嘉独立主义意识，这种意识也深深影响了成长中的小拿破仑。但他的父亲却是一位务实主义者，10岁那年，拿破仑就被父亲送往法兰西布里埃纳军校上学。

拿破仑的心中充满了科西嘉民族主义的激情，他从小的理想就是要把科西嘉从法国的"奴役"中解放出来。因此，这个刚刚入学的少年，一来到布里埃纳军校就开始汲取他所需要的一切知识。他如饥似渴地阅读历史书籍，那些伟大的将军令他钦佩万分，他的数学和地理成绩也名列前茅。

旧世界，新势力——在开拓和掠夺中前进的殖民

公元1784年，15岁的拿破仑以优异的成绩被巴黎高等军事学校录取，成为"军官候补生"，开始真正接触军事生活。

新学校的生活异常严格，完全实行军事化管理。除了完成繁重的学习任务外，学员还要接受高强度的军事训练，拿破仑觉得难以忍受，他常因此遭受到教官的处罚。但他的其他学科却出类拔萃，尤其擅长数学、防御工事构筑以及炮术。他作战的天赋此时初露锋芒，在这方面，教官都不得不对他另眼相看。

拿破仑

公元1785年9月28日，他提前完成学业从巴黎高等军事学校毕业。11月6日，拿破仑前去拉费尔炮兵团报到，成为法国皇家炮兵上尉。自此，他开始了辉煌的军事生涯。

成长于炮火中

起初，拿破仑仍然沉浸在科西嘉独立的梦想中，一有机会，他就返回家乡，与那里的爱国志士一起筹谋科西嘉的自由与解放。因此，在早期的军事生涯中，拿破仑并没有太多的建树。

在服军役期间，他依然独立独行，远离社交，利用一切可利用的时间，阅读书籍，寻求救国之路。这时他接触到了卢梭、孟德斯鸠等启蒙运动巨擘的思想，他的思想和信念发生了改变，他意识到，所有科西嘉与法国人民的

苦难，均来源于封建专制制度，而不是哪一个国家或某个人的统治。他很快就成为一名坚定的革命主义者。公元1789年法国大革命爆发，拿破仑为之欢呼。公元1792年，拿破仑再次返回科西嘉，与科西嘉的分离主义者发生了武力冲突。自此，拿破仑彻底与科西嘉独立思想决裂，完全把自己作为法国的一分子，积极加入到法国的历史中来。

公元1793年，24岁的拿破仑受命于危难之间，在围攻保王党控制的土伦战役中崭露头角，他以出众的军事才华为战斗的胜利做出了贡献。为此，他先被提升为少校营长，后又荣升为准将，顿时在军界有了名气。

公元1795年，保王党发动新一轮的武装叛乱，热月党督政府束手无策，督政官想起了拿破仑，拿破仑用大炮迅速击垮了保王党，局势得到了稳定。他被晋升为陆军中将兼巴黎卫戍司令。一夜之间，他在军界和政界中名声大振，成为巴黎人人皆知的大英雄。公元1796年3月2日，他被任命为法国驻意大利方面军总司令。3月6日，他与情人约瑟芬·博阿尔内结婚。

在意大利战场上，拿破仑所向披靡，粉碎了奥地利与撒丁王国组成的第一次反法同盟，并迫使他们签订了议和条约，拿破仑的声望日渐升高。但督政府却感受到一丝威胁，于是酝酿对付他的办法。公元1798年，督政府任命拿破仑为东方远征军总司令，拿破仑奉命远征埃及。

○ 自任执政官

可是，在埃及战场上，拿破仑遇到了首位让他遭受战场挫折的对手——英国海军上将纳尔逊将军，他的舰队被摧毁在尼罗河上，海军主帅战死，陆军受困。据说，拿破仑的心情极为沮丧，把气全部撒在了法老金字塔前巨大的狮身人面像身上，他一把"扭"下了斯芬克斯的鼻子。

一天，拿破仑偶然从一张过期的报纸上获悉，法国本土正内外交困，内部保王党卷土重来，外部正在组建第二次反法同盟。拿破仑察觉到良机在即，公元1799年11月，他秘密返回法国，并发动"雾月政变"，推翻督政府，组织法兰西共和国执政府，自任第一执政，成为实际的独裁者。

拿破仑发动"雾月政变"

这位野心勃勃的执政官，历经启蒙思想的洗礼，现在终于有了机会让他施展才华，建立梦中的理想国家。除采取军事行动巩固政权外，拿破仑还进行了多种重大的改革。其中最有意义也是他最引以为豪的是，他组织编纂了《拿破仑法典》，以立法的形式保全了大革命初期的革命果实，"它将永远庇护法兰西的人民享受自由"。

◯ 亲自为自己加冕

权力叠加使独裁者拿破仑膨胀起来，对第一执政十年任期的限制，他渐渐表现出不满。公元1802年，他要求下参议院进行民意调查，修改了共和八年宪法，最终将执政官的任期改为终身。

拿破仑周围的官员们通过察言观色，很快就明白了拿破仑的意图。公元1804年4月30日，议员巨雷向保民院建议将共和国改为帝国。5月3日，参议院议长康巴塞雷斯率领全体议员宣读请愿书，打着接受人民的请求，保护法国人民永远的自由的名义，恳请拿破仑成为他们的国王。这正合拿破仑之

意，他稍做推辞，便欣然应允。15天后，新的宪法被参议院正式批准了，拿破仑在法律上成了法兰西第一帝国的皇帝。

依照欧洲的传统，要给皇冠加上更神圣的光环，拿破仑极有礼貌地邀请教皇庇护七世前来巴黎为他加冕。教皇以破坏规矩为名，不肯屈尊就驾。但迫于枪炮的威慑，庇护七世只得忍气吞声，一切都照着拿破仑的要求做。

拿破仑加冕

公元1804年12月2日，教皇在巴黎圣母院的祭台上进行了冗长复杂的仪式，他正准备将皇冠给拿破仑戴上，不料急不可耐的皇帝一伸手接过皇冠，在人们的欢呼声中，亲自给自己戴上，然后，又把一顶小皇冠给皇后约瑟芬戴上。这位法兰西第一帝国的皇帝，亲自为自己进行了神圣的皇帝加冕。

就这样，法国重回了帝制，在这位35岁皇帝的率领下，法兰西第一帝国横扫欧洲大陆。整个欧洲旧世界的秩序都被它搅动得天翻地覆，欧洲的历史又翻开了新的一页。

2 决战特拉法尔加

特拉法尔加海战是一场以少胜多的海战，它粉碎了拿破仑征服英国的梦想，也结束了100多年来的英法海上争霸。自此，英国成为一个稳固的海洋帝国，称霸欧洲和世界一个多世纪。

○ 拿破仑的心腹大患

登上皇帝宝座后，拿破仑并不完全满足，也并非高枕无忧，因为他觉得英国已经越来越成为他的心腹大患。原因一是在几次反法同盟中，英国都充当了急先锋的角色。二是英国依仗自己的强大海军，在海上对法国进行封锁。三是尽管法国海军控制着欧洲的一些主要海港，但英国海军却始终守在他的外围，使法兰西的海外贸易开始走向困境。四是《亚眠和约》中英国以放弃一部分海外殖民地的代价，换取了时间来进行扩军备战。截至公元1803年，英国的正规军已多达13万人，其中8万驻守本土，另外5万随时听命调遣。这在数量上已远远胜过拿破仑。五是羽毛丰满的英国已准备雪《亚眠和约》之耻，公元1803年，再次向法国挑起战争。

英国的咄咄逼人，让拿破仑恼火和焦虑，同时也激发了他的斗志。于是他开始准备一场他上台以来最大规模的战争。他令法国西部海岸的布伦港昼夜开工，制造大量渡海需要的所有武器装备，包括军舰、运输船等。到了公元1805年，法国已拥有战列舰103艘、巡洋舰55艘。

面对拿破仑的备战，英国也不甘拜下风，它一方面扩军59万人，并拥有现役战舰240艘、巡洋舰317艘，规模庞大，列阵以待。另一方面，它还大搞"英镑外交"，与俄国和奥地利重组了反法联合战线——第三次反法同盟。不过，这次西班牙和荷兰把赌注压在了法国这一边，还把海军指挥权交给了拿破仑。拿破仑心中稍有安慰，开始运筹帷幄。

大西洋上的追逐游戏

公元1805年1月11日，拿破仑使用调虎离山计，令米西塞和维尔纳夫先后率法国与西班牙海军的战列舰16艘、巡洋舰13艘，从土伦港出发，突破英军的海上防线，驶向大西洋，企图诱使英国海军分散力量，自此拉开了太平洋上追逐游戏的帷幕。

法军将领维尔纳夫刚一出发，英国海军统帅纳尔逊就追随其后。不过，由于风暴突起，维尔纳夫返航，纳尔逊却因判断失误，枉费近1个月的时间才追到埃及的亚历山大港。

3月30日，维尔纳夫再次出发，并有西班牙舰队随行，4月上旬顺利到达西印度群岛。纳尔逊却重犯上次的错误，径直往埃及方向追赶，到了直布罗陀海峡他才猛然醒悟，立即调头横穿大西洋。

按原定计划，米西塞应先到达西印度群岛。维尔纳夫到达目的地后，却没发现他的踪影，6月维尔纳夫匆匆返回欧洲。纳尔逊随即转身再赶，7月10日抵达地中海。

这两个游戏的主角像猫捉老鼠一样，在大西洋上来回穿梭6个月。游戏中的维尔纳夫不但没从中获得丝毫快乐，反而还因7月22日暂时遭遇了一小股英军而受到了惊吓，对自己的舰队失去了信心。

旧世界，新势力——在开拓和掠夺中前进的殖民

○ 纳尔逊将军的战前部署

9月29日，纳尔逊将军悠然度过了47岁的生日，就是在这一天，他也做好了对法作战的战略部署。他把舰队分为三队：第一队由他亲自率领，攻击法军的要害，拦腰切断敌人的舰队，使其首尾分离；第二队由柯林伍德率领，攻击法军的后卫部队；最后一队为预备队，突袭法军的指挥舰，捉其首领，打乱法军的秩序，分离法军，最后逐个歼灭。为了取得战争的最后胜利，他号召各舰长勇猛歼敌，允许他们自主发挥作战方法，不拘一格，各出奇招。各舰长闻言精神振奋，摩拳擦掌，随时待命。

○ 决战特拉法尔加海

困守在加的斯港的维尔纳夫，境况非常不好。军中金库亏空，士兵贫病交加。而且，很快他将被新的长官替代。这使维尔纳夫受到了莫大的侮辱，于是他决定背水一战。

10月20日，天色刚刚擦亮，维尔纳夫企图率舰队突围，但被游弋在直布罗陀海峡的纳尔逊发现。纳尔逊没有打草惊蛇，只是暗中追踪。21日拂晓，维尔纳夫的舰队完全进入特拉法尔加海域，陷入了纳尔逊设下的包围圈。

纳尔逊坐镇的"胜利"号军舰

从11时30分至下午3时，柯林伍德的舰只陆续投入战斗，围攻法西联合舰队。法西舰队的船只1艘被击沉、10艘被俘获、4艘逃走，西班牙海军将军格拉维拉受到重伤。纳尔逊坐镇"胜利"号军舰，一边指挥舰队作战，一边搜寻维尔纳夫乘坐的舰只，最后在"布森陶尔"号上找到了法军总司令的军旗。随即双方展开了激烈的交火，并进而进行肉搏战。纳尔逊将军被流弹击中胸部，战斗胜利的消息传来后光荣殉职。

海上交战情景

法西联军舰队的前卫杜马罗尔支队，战斗初期一直没有开火，而是脱离大部队自顾自向北行驶。维尔纳夫投降后、杜马罗尔才参加战斗。他的舰只在20分钟内就有5艘投降、5艘逃逸。短暂的反攻迅速失败了。

特拉法尔加海战，法西联合舰队遭到了惨败，而英国却损失很小。纳尔逊献出了自己宝贵的生命，但却为英国赢得了一场决战的胜利，更为英国赢来了一个稳固的海洋帝国地位。

3 维也纳会议的推手

当拿破仑兵败被牢牢禁闭之后,战胜国大大小小的重量级人物聚集在维也纳,举行了一个名为庆功、实为分赃的会议。代表们在会议上吵吵嚷嚷,又相互妥协,最终都拿到了自己满意的赃物和领土。

⊃ 拿破仑兵败被幽禁

公元1813年10月,莱比锡战役失败,拿破仑心中笼罩着阴云,虽然他走过莱比锡的小桥时尽量使自己保持从容与镇静,但人们却从他退却的脚步中隐约预感到,他这次撤退以后或许永远也无法再回来。

反法联盟已攻入法国,昔日强大的帝国如今正危在旦夕。拿破仑很明白,目前法军的境况已经极为糟糕,现在剩余的将领中,内伊和维克多缺少将才;奥热罗做事不干脆,优柔寡断;絮歇和达武虽然英勇善战,但已被困在他处;苏尔特被打败;圣西尔则做了俘虏……所有的不幸同时一起向这位曾经叱咤欧洲的风云人物涌来。但拿破仑脸上却没有流露出哀伤,他依然镇定自若地指挥着他的军队追击布吕歇尔,这是他唯一有可能抓住的一根救命稻草。

反法联军司令部也非常担忧和惧怕这位被逼入绝境的猛兽会拿出玉石俱焚的力量做最后一搏,因此决定避其锋芒,攻其要害,集中优势兵力进军法兰西第一帝国的心脏——巴黎。拿破仑在匆促赶往巴黎的途中,听说巴黎守

军已经投降，心中便知道大势已去。公元1814年4月11日，这位沉默的皇帝非常安然地宣布退位，接着就被联军送往地中海的一个小岛——厄尔巴岛上幽禁起来。

胜利者的分赃会议

曾经让人担心惧怕的拿破仑被幽禁起来了，各国的君王们为此胜利欢呼，他们欣喜若狂，拍手称快，激动相拥。

为了庆祝这个奋战十余年，来之不易的胜利，奥地利首相梅特涅宣布，奥地利要在维也纳举办一次盛大的庆祝会，邀请联盟各国的重要人物都参加。公元1814年9月举行维也纳会议，参加会议的主要有欧洲15个王室的重要人物，200多名王公以及外交使臣，其中包括俄国沙皇亚历山大一世、普鲁士国王腓特烈·威廉三世、英国外交大臣卡斯雷尔子爵等重量级贵宾。

这次聚会从9月份开始，公元1815年6月才结束。东道主热情地、无休无止地为大家举办宴会，并备下美酒、音乐和舞会。俄、普、英、奥四位盟友则更乐意做他们自己擅长的事情，他们离开宴会厅，到另一间屋子里，精心地规划欧洲的新版图。

奥地利首相梅特涅

旧世界，新势力——在开拓和掠夺中前进的殖民

公元1815年3月，被囚禁的拿破仑逃出监狱，秘密返回巴黎，战火再次燃烧起来。聚集在维也纳的代表们，提心吊胆地等待战争的结果。让他们感到幸运的是，拿破仑再次称帝不过百日就宣告失败了。与会代表们因受到惊吓，便开始彼此妥协。他们认为，相对于一块土地的得失，尽快巩固胜利的果实、恢复欧洲的安宁局势更为重要。

分赃会议

公元1815年6月9日，维也纳会议落下帷幕，尽管那些重量级的代表从未召开过任何全体会议，但他们却签署了《维也纳会议最后议定书》。庞大的拿破仑帝国被瓜分殆尽，参加反法战争的各战胜国都心满意足地分到了各自的份额。

根据议定书，俄国沙皇分得了华沙大公国的大部分领土，波兰仅在克拉科夫及其毗邻地区组建一个由俄、普、奥共同"保护"的共和国。英国用维也纳体系继续维持欧洲大陆的局势，成功实现了它在欧洲的战略意图。法国的海外殖民地基本上都被英国夺去。奥地利以尼德兰为代价，收回伦巴第和

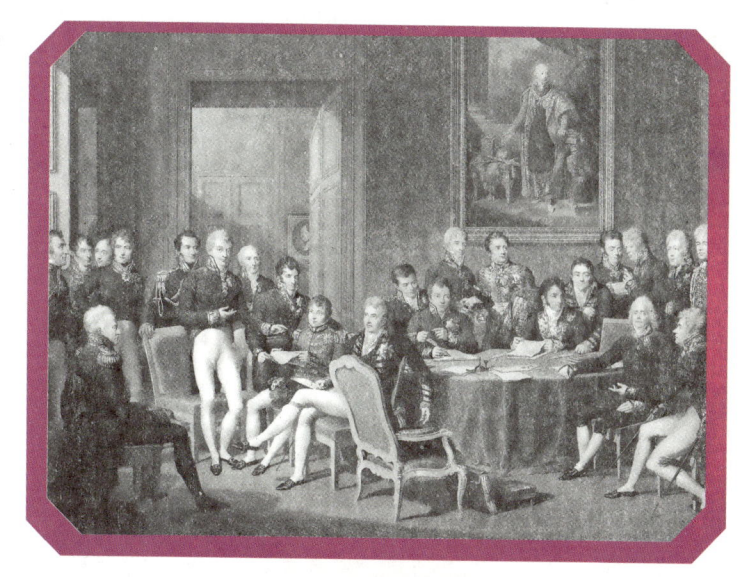

维也纳会议

威尼斯，并将蒂罗尔、萨尔茨堡、的里雅斯特、伊利里亚和达尔马提亚划入版图。普鲁士获得了萨克森2/5的领土、吕根岛及波美拉尼亚，还取得了西部莱茵—威斯特伐利亚地区。

维也纳会议其实就是一个世界列强的分赃会议，各战胜国打着恢复"正统主义"的旗号，做了一个恃强凌弱的疆域划分，虽然欧洲动荡不安的局势暂时得到了稳定，但反抗的浪潮可能随时袭来。

4　向奥斯曼开战

遭受异族统治400多年，追求自由快乐的心愿依然未变。在异族高压的缝隙中发展起来的希腊资产阶级，抱着一颗炽热的爱国之心，展开了艰苦卓绝的独立革命。虽然历经挫折坎坷，但革命最终取得了胜利，国家取得了独立。

○ 哪里有压迫哪里就有反抗

希腊位于地中海沿岸，被称作西方文明的摇篮。自古以来，在这片古老的土地上，希腊人民用勤劳的双手，创造了灿烂辉煌的希腊文化，他们世代自由而快乐地生活。

然而，随着君士坦丁堡的陷落，东罗马帝国正式被奥斯曼土耳其所灭，希腊诸岛未能躲过灾难，从此便遭受了土耳其对其长达400多年的异族统治。

奥斯曼帝国对希腊做尽了奴役之事，希腊人民生活在水深火热之中。人们稍微有一点反抗，就会遭到奥斯曼的血腥屠杀、掳掠。为维持和建立庞大的军队，苏丹还强行在希腊征兵，很多可怜的母亲生怕自己的孩儿战死，就故意将孩子弄残废。即便能逃过征兵的厄运，但沉重的赋税等也压得人喘不过气来。

公元19世纪，欧洲的资本主义蓬勃发展起来，希腊民族资本主义在土耳其高压的缝隙间也顽强地成长起来，民族资产阶级随之渐渐壮大起来。受西

欧启蒙思想的熏陶，开明的资产阶级知识分子向往自由和平等，他们的热情点燃了希腊人民争取独立的火焰。公元1814年，希腊的革命主义者秘密组织"友谊社"，它以实现希腊独立为目标。希腊即将掀起一个民族解放运动的新高潮。

独立革命的浪潮

公元1821年3月4日，"友谊社"主要负责人亚历山大·阿莱克桑兹罗斯·依普希兰狄斯从俄国返回希腊，在罗马尼亚的雅西，他率先举起起义大旗，号召希腊人民与土耳其统治者斗争到底。

雅西起义点燃了希腊各地的起义之火。到3月23日，革命的浪潮席卷整个伯罗奔尼撒半岛。起义者释放奴隶，驱赶土耳其贵族地主。4月7日，斯佩采岛起义。22日，普萨拉起义。28日，伊德拉岛起义，并控制了科林斯地区。5月7日，阿提卡地区的群众发动了起义，并冲进了雅典城，一举击溃土耳其军队。

不幸的是，同年6月，依普希兰狄斯在德拉戈尚被土耳其军队打败，他逃往奥地利后被捕。但在另一位领导人科罗克特洛尼斯的指挥下，起义军于10月攻占首府特里波利斯城，革命转危为安。

公元1822年1月，起义军在厄皮道尔举行第一届国民议会，希腊宣布独立。

绝地战歌

土耳其苏丹马哈茂德二世不甘心就此罢休，公元1822年6月，他派遣的征伐大军在希腊南部的科罗尼登陆，会同当地守军，长驱直入，攻占科林斯后，又深入伯罗奔尼撒半岛。科罗克特洛尼斯采用诱敌深入的策略，使土耳其正规部队四处逃散，几乎全军覆没。同时，起义军在海上也把土耳其舰队打得龟缩进达达尼尔海峡中。

旧世界，新势力——在开拓和掠夺中前进的殖民

可是，就在革命走向胜利的时候，革命阵营内部却分裂成"民主派"和"亲欧派"，"民主派"领袖科罗克特洛尼斯先被解除总司令职务，后又被捕，大大损伤了起义力量，土耳其统治者有了可乘之机。土耳其以克里特岛和塞浦路斯作为交换条件，从埃及获得援军9万。公元1825年初，埃及大军在伯罗奔尼撒半岛南端弃舟上岸，在战舰的掩护下，土耳其军队围攻希腊西部重要港口梅索朗吉昂，久攻不下。9月，埃及援军前来援助，因城中流行疫病，公元1826年4月22日，梅索朗吉昂城失陷，万余军民遭到屠戮。从此希腊革命遭到致命性挫折，土埃联军肆意横行，希腊尸骨遍野，革命陷入绝境之中。

希俄斯岛大屠杀

土耳其的野蛮行径令人发指，激起了整个欧洲人民的愤怒，许多国家人民自愿来到希腊，与希腊人民一起，进行了艰苦卓绝的抗战，很多人因此献出了宝贵的生命，其中最为人们所熟悉的是诗人拜伦。

希腊独立

希腊的独立革命在国际上也受到了越来越多的关注，英、法、俄以及奥地利出于各自的利益，均做出了不同的反应。

奥地利担心希腊的独立革命会引起国内的骚动，所以支持土耳其政府的镇压，但鉴于神圣同盟誓约与沙皇的咄咄逼人，它只能保持缄默。俄国沙皇亚历山大一世一心效仿拿破仑，一心想在地中海获得出海口，控制达达尼尔海峡和博斯普鲁斯海峡，同时受到宗教和民族问题的影响，所以沙皇希图打击土耳其帝国在巴尔干的势力，极力支持希腊的独立革命。为此，沙皇联合同样希望插手中东事务的英法，对土耳其施加压力。公元1827年7月6日，三国签署《伦敦协约》，敦促土耳其停战，但土耳其苏丹置若罔闻。

公元1827年8月，俄英法组成联合舰队，10月20日，在纳瓦里诺海湾水面上，联合舰队与土埃舰队展开激战。土埃士兵虽然勇猛善战，但武器装备落，激战4小时后，便伤亡殆尽。希腊的革命形势峰回路转。公元1828年4月，俄国牵制住土耳其的主力部队，起义革命军趁机再次解放了大片的希腊国土。公元1830年4月，在各方压力下，土耳其不得不承认希腊独立。

希腊人民的斗争精神，深深感染了欧洲各国人民，希腊民族独立战争的胜利，也极大鼓舞了其他地区的民族解放斗争。希腊人民争取平等自由的信念，成为1848年兴起欧洲大革命的动力之一。

5 你们别插手

门罗主义是年轻的美国在外交政策上的一次胜利，沉重打击了神圣同盟，对处于虎视眈眈的列强中间的拉美各国起了一种保护作用。

拉美的独立革命

公元1817年1月，在领袖何塞·德·圣马丁的率领下，3500名拉美革命军越过安第斯山，在查卡布科大败西班牙的王家军队，解放了智利，并建立共和国。同一时间，在另一位领袖人物西蒙·玻利瓦尔的领导下，拉美革命军在奥里诺科河谷以北地区，建立起委内瑞拉共和国。海地、智利和委内瑞拉三个共和国，都在寻求使美国承认它们独立的方法。

美国政府既希望拉丁美洲能够独立，因为这些新生的国家能给孤立的美国增添一道屏障，但又不愿为做这件事而去冒战争的危险。当时的美国总统詹姆斯·门罗认为，只要欧洲列强不横加干涉，他们就能够接受西班牙和拉美革命者们打出的结果；如果欧洲一定要插手，那么，美国也绝不会善罢甘休。公元1818年，门罗建议英、美两国同时承认这些新生的共和国，而英国却因担心会失去在拉美的利益而予以拒绝。

到了公元1821年，拉美的秘鲁、哥伦比亚、巴西、墨西哥相继独立，拉美土地上仅剩下伯利兹、玻利维亚和圭亚那还没独立，而此时的美国又将注意力重新转移到了拉美。

公元1822年3月，美国正式承认拉普拉塔（阿根廷）、智利、秘鲁、哥伦比亚和墨西哥五个国家的独立，并与它们建立外交关系。后来，英国政府也承认了拉美革命共和国的独立。

坎宁的建议

公元1823年，有谣传说，法国与西班牙将组成同盟军干涉拉美。如果真是这样的话，英国极有可能会失去在拉美的所有利益。所以，当时的英国外交大臣乔治·坎宁宣称："如果比利牛斯山塌下来了，英国一定要保住大西洋。"

但究竟该怎么解决这个问题呢？坎宁想出一个绝妙的计划，如果英国能与美国一起发表一项反对干涉的英美联合抗议声明，那么，既能挫败"神圣同盟"干涉拉美革命的企图，又能保住英国在拉美的利益，甚至还会造成拉美各共和国之间的矛盾。为此，公元1823年8月16日，坎宁向美国驻伦敦公使理查德·拉什提出："对于与英国共同警告法国不得干涉南美有何意见？"三天后，拉什以美国政府的名义提出：英国如果能立即承认拉美的新共和国，那么，美国就参加英国的反对干涉抗议。

坎宁的建议很快被传送到美国，门罗总统把坎宁建议的副本分别送给前

美国总统詹姆斯·门罗

总统杰斐逊和麦迪逊，并表示美国可能会接受坎宁的建议，两位总统回信表示支持。

⊃ 亚当斯的建议

美国国务卿约翰·昆西·亚当斯对坎宁建议感到非常吃惊，他认为坎宁建议一定充满玄机，因为亚当斯很清楚，当时的拉美其实并不存在武装干涉的危险，即便如此，英国也完全有能力依靠其强大的海军力量来阻止武装干涉。

公元1823年11月7日，亚当斯在内阁会议上声称："与其充当一只小艇尾随英国战舰混进去，不如向俄国和法国公开申明我们的原则，这样更为坦率，而且也更有尊严。"亚当斯非常清楚，美国正面临以下几个问题：一是英美的合作建议；二是欧洲干涉拉美的谣传；三是俄国的殖民扩张已对美国的利益产生了影响；四是俄国已着手干涉拉美新生的国家。亚当斯还非常清楚，这些问题会影响欧洲与美洲的未来关系。虽然美国政府可以立即答复这些问题，但亚当斯指出："不久前从俄国公使手里收到的通知，……照我看来是为我们提供了一个适当而又方便的机会，使我们可借此采取反对'神圣同盟'的立场，并在同时拒绝大不列颠的建议。"

⊃ "门罗主义"观点

在当时来说，亚当斯的建议对美国是最有利的，但美国内阁中却有人希望采纳坎宁的建议，甚至还不惜放弃古巴与得克萨斯。而门罗对这两个建议举棋不定，因为一则他对"神圣联盟"有所顾忌，二则他想对土耳其开战以帮助希腊，提升美国的国际声誉。亚当斯坚决反对美国介入欧洲事务，他在内阁会议上花了很长时间才说服了门罗总统。

公元1823年12月2日，美国总统门罗在年度咨文中提出著名的"门罗主义"观点。"门罗主义"主要有两个方面的内容。

1. 积极性的方面。一是"今后欧洲任何列强不得把美洲大陆业已独立自由的国家当作将来殖民的对象"。二是"同盟各国（指神圣同盟）的政治制度……与合众国是基本不同的。……我们认为列强方面把它们的政治制度扩展到西半球任何地区的企图，对于我们的和平和安全都是有危害的"。

2．消极性的方面。一是"我们没有干涉过任何欧洲列强的现存殖民地和保护国，将来也不会干涉"。二是"欧洲各国之间为它们自己的事情发生战争时，我们从没有参加过，因为那样做是与我们的政策不合的"。

在"门罗主义"形成过程中，亚当斯功不可没，他为美国的外交政策树立了一个典范，使它牢固地扎根于民族意识中。

Part 9

谁赢谁败——难以避免的人间浩劫

　　20世纪初,普法战争的硝烟刚刚散去,欧洲大陆上的狼烟再度升起,并燃及至亚洲和美洲,演变成为全球大战。饱受第一次世界大战之苦的人们,渴望和平与安宁,痛恨与害怕新战争。但仅仅20年后,德国纳粹分子希特勒再度发动了以德、意、日为轴心国的第二次世界大战。而二战无论从略战术、武器装备,还是其他方面均有了革新性的变化,战争从人口的比拼变为国力的比拼,谁的经济与军事实力最强,谁才能取得最后的胜利。这场战争是正义与非正义的较量,法西斯的军事独裁与不义,激起了全世界人民的愤懑与反抗,最终正义的人民取得了胜利,而法西斯纳粹独裁理所当然地灰飞烟灭。从战争中走来的人们则倍加珍惜来之不易的和平。

1 第一次世界大战

公元20世纪初，资本主义发展到帝国主义阶段，为重新瓜分殖民地和划分势力范围，争夺世界霸权，公元1914年至1918年，世界两大军事集团同盟国集团和协约国集团发动了人类历史上第一次大规模的战争。战争历时4年零3个月，战火遍及欧洲大陆，并燃烧至亚洲和非洲，太平洋的南部海域、大西洋北海海域和地中海都发生过激烈的海战。有33个国家卷入这场战争，人口达15亿以上。

战前国际局势及风云

1. 争夺殖民地

公元19世纪末20世纪初期，资本主义世界逐渐发展到帝国主义阶段，世界领土已被英、法、俄等老牌的帝国主义列强瓜分殆尽，后起的帝国主义国家美、日、德，在公元19世纪末期几乎还没有多少殖民地。像老牌的帝国主义国家一样，他们也需要掠夺廉价的原料和劳动力，也需要倾销商品的国际市场。因此，他们特别迫切期望能够重新瓜分殖民地。公元1898年至公元1905年爆发的美西战争、英布战争和日俄战争就是争夺殖民地的战争。在德国俾斯麦时代，由于帝国初立，就很少在海外参与争夺殖民地的活动。随着国内资本主义的发展，德国的资产阶级也期望政府能够争取一些海外市场和原料。威廉二世即位后，俾斯麦被免职，德国的这位新皇帝认为德国的海外殖民地太少，原料产地及国际市场都严重不足，强烈要求以武力重新划分世界势力范围。后起的帝国主义国家的行为，无疑触犯了英、法等老牌帝国主义国家的利益，也促使他们逐步走向联合。

2. 形成两大阵营

普法战争后，德国总理俾斯麦采取结盟政策，想拉拢奥匈和俄国结为同盟，以孤立法国。可俄国因巴尔干半岛问题与奥匈帝国产生矛盾。公元1879年，德国与奥匈秘密结为德奥同盟。此外，意大利因争夺北非突尼斯与法国发生矛盾，为取得援助，公元1882年5月，意大利便与德国和奥匈结盟，三国同盟建立。

德奥两国结为德奥同盟后，俄国十分不满。俾斯麦为保持与俄国的友好关系，公元1887年与俄国签订《再保险条约》。可是俾斯麦罢免后，新德皇威廉二世选择只与奥国为盟，而任由条约终止。法国为俄国提供资本，助其实现工业化后，公元1894年又与俄国结为法俄军事同盟。由于法国在埃及、俄国在巴尔干的扩张，威胁了英国前往远东的航道，公元1887年2月，英国便与意大利组成《地中海协定》。公元1902年，英国为对付法国和俄国，保护自己在远东的利益，与日本签订盟约。后来，奥匈及西班牙均加入该协定。公元1902年，英国为对付法国和俄国，保护自己在远东的利益，与日本签订盟约。直到德国海军日益扩张，英国的制海权受到威胁，英国才在欧洲寻求盟友。公元1904年，英国与法国签订《英法协约》。公元1907年，英俄签订《英俄条约》。同年，英国、法国和俄国因德国在奥斯曼土耳其帝国的扩张而组成三国协约。

从此，世界就分为两大军事集团，即以德、奥匈为主的同盟国和以英、

法、俄为主的协约国。

3. 扩军备战竞赛

两大军事集团形成后，为了各自的利益，它们就展开了激烈的扩军备战竞赛：公元1900年，德国制订海军法，大加扩充海军规模；公元1905年，英国开始建造无畏舰，公元1907年，德国也开始建造无畏舰，英国便保持自身无畏舰的数量为德国的两倍。第二次摩洛哥危机后，英国联同法俄两国，实施三国海军联防，即英国在北海、法国在地中海、俄国在波罗的海分别对付德国和奥匈两国的海军。

在陆军方面，从公元1880年到1913年，德国常备军由42万扩充到87万；法国由50万扩充到81万；俄罗斯由80万增加到140万；奥匈的军队由47万扩张至85万，步兵素质一般，但重炮部队素质全球第一；意大利由20万扩充到35万；美国因欧洲局势紧张，由3万4千人扩张到16万人。

4. 战前战争风云

为争夺战略要地，公元1905年至公元1913年，两大军事集团在世界各地还制造了一系列的国际危机，并引发了局部地区的战争。

公元1905年和公元1911年，为争夺大西洋与地中海之间的咽喉要地，德法两个国家先后制造了两次摩洛哥危机；公元1908年至公元1909年，为争夺巴尔干战略要地，德、俄、奥匈制造了波斯尼亚危机，奥匈吞并波斯尼亚和黑塞哥维那，引起塞尔维亚的不满和反对。公元1911年至公元1912年，为争夺北非殖民地，发生了意土战争；公元1912年，为争取民族独立，巴尔干地区的保加利亚、塞尔维亚、希腊和门的内哥罗结成同盟，共同发动反对土耳其的第一次巴尔干战争；后因同盟内部战后利益分配不均，又爆发第二次巴尔干战争。俄、德、英、奥匈等列强国家，为争夺在巴尔干地区的利益，利用巴尔干各国的民族矛盾，展开了激烈的相互斗争。

○ 战争原因

公元19世纪末20世纪初，世界资本主义从自由竞争阶段发展到垄断时期，各帝国主义列强对海外原料产地和国际市场的依赖日益加强，各国的金融寡头为攫取更大的利润，掠夺别国财富，疯狂对外扩张，抢占殖民地。后起的美、德、日等帝国主义国家为争夺殖民地，以武力对外扩张侵略，以谋求重新瓜分世界和争夺世界霸权。

○ 战争开始

公元1914年6月，奥匈帝国在波斯尼亚首府萨拉热窝进行大规模军事演习，假想敌人为塞尔维亚，该国的皇储弗兰茨·斐迪南前往视察并检阅军队，被当地的"青年波斯尼亚"组织成员加夫里洛·普林西波刺杀。萨拉热窝的枪声便成为第一次世界大战的导火索。以此为借口，奥匈帝国于7月28日向塞尔维亚宣战。7月30日，俄国进行军事总动员，参与到战争中来。8月1日，德国对俄宣战。8月3日，德国对法宣战，又侵入比利时。8月4日，英国因对比利时有保证义务便对德宣战。8月5日，奥匈对俄宣战。英法先后对奥匈宣战。塞尔维亚与门的内哥罗对德和奥匈宣战。第一次世界大战这样爆发了。

○ 交战双方

1. 协约国

英国、法国、俄国（因十月革命退出协约国）、塞尔维亚、美国、比利

时、中国（北洋政府）、日本、意大利、罗马尼亚、希腊、葡萄牙、澳大利亚、加拿大、印度、新西兰、南非。

2. 同盟国

德国、奥匈帝国、奥斯曼帝国、保加利。

战争进程及重要战役

第一次世界大战期间，欧洲一直是主要战场，一共有三条主要战线：东线为俄国对德国与奥匈战场；西线为英国与法国对德国战场；南线为奥匈帝国对俄国与塞尔维亚战场。

马恩河战役中的法军

1. 战争第一阶段：时间为公元1914年。主要的战役是西线的马恩河战役。这场战役的时间是公元1914年9月5日至9日，英法联军击败德军，使德军速决战的施里芬计划破产。这一阶段，西线转入阵地战。

2. 战争第二阶段：时间为公元1915年至公元1916年。主要战役有陆上三大战役——东线俄军的夏季攻势、西线的凡尔登战役与索姆河战役；海上战役——日德兰海战，英德都认为自己是胜利者，但英国仍控制着制海权。这一阶段，协约国一方逐渐掌握了战争主动权。

3. 战争第三阶段：时间为公元1917年至公元1918年。主要大事有：美国参加战争；中国等国相继卷入战争，协约国的阵营增加到27个国；俄国相继发生了"二月革命"和"十月革命"，苏俄退出战争；公元1918年11月，德国投降，第一次世界大战结束。

战争结束

公元1918年3月至7月，德国在西线发动5次大规模战争，均未取得任何收获。此时美国也派几十万军队参战，德国已经无力再组织进攻。7月下旬至8月底，协约国联军向德军发动连续进攻，迫使德军退守兴登堡。9月26日，协约国联军向德军发起总攻，兴登堡防线全面被击溃。9月29日，德国威廉二世召开御前会议，任命马克西米利安为总理，前去向协约国提出停战和谈要求。11月11日，德国代表与协约国代表在法国东北部的贡比涅森林签署《贡比涅森林停战协定》，德国投降，德、奥、土、保组成的同盟国军事集团彻底失败，第一次世界大战结束。

2 可怕的枪声

两次摩洛哥危机让德法两国彻底撕破了脸皮。欧洲大陆充满了火药味，特别是战略要地巴尔干半岛，已经成为随时爆炸的火药桶。大规模的战争在欧洲大陆上已如箭在弦上，一触即发，就差一个引子。萨拉热窝的枪声便成了引爆大战的导火索。

◯ 巴尔干成为火药桶

巴尔干地区位于欧洲东南部，地处欧、亚、非三大洲的汇合处，濒临地中海，既控制着地中海与黑海的门户，又控制着通向印度洋的航路，战略位置极其重要。自公元4世纪起，匈奴人、阿瓦尔人、伦巴第人、保加利亚人、罗马人以及斯拉夫各民族对巴尔干的统治权进行过激烈的争夺。俄罗斯人与斯拉夫人同宗，因此，巴尔干地区的国家与俄国衣襟相连。公元20世纪初，奥匈帝国野心膨胀，开始对外扩张，巴尔干地区就成了它优先瞄准的目标。

公元1908年10月6日，奥匈帝国借口本国侨民在巴尔干地区的波斯尼亚受到安全威胁，出兵吞并了波斯尼亚和黑塞哥维那。塞尔维亚一直都想将波斯尼亚和黑塞哥维那据为己有，现在却让奥匈帝国抢了先。因此塞尔维亚非常不满，立即调集军队进行反击。俄国对奥匈帝国的军事行动非常恼火，立即宣布支持塞尔维亚。于是，奥匈帝国与塞尔维亚两国的军队在边境对峙，

Part 9 谁赢谁败——难以避免的人间浩劫

战争如箭在弦上，一触即发。此时，德国跳出来站在奥匈帝国一边。公元1909年3月21日，德国警告俄国，如果俄国参与这场战争，德国将不仅对塞尔维亚宣战，还要对俄国宣战。由于俄国刚在日俄战争中大伤元气，而且英法对俄国发出的共同对抗奥匈帝国的提议不感兴趣，最终俄国只能选择忍气吞声，有心无力，塞尔维亚见状，就不敢再采取进一步的行动了。消息传到塞尔维亚国内，民众义愤填膺，先后成立了"国防会""黑手会"等秘密组织，他们想通过游击战、暗杀等极端方式，来阻止奥匈帝国的扩张。

巴尔干混战

在巴尔干地区成为欧洲火药桶的同时，土耳其帝国控制下的殖民地被意大利等新崛起的帝国看上了。公元1911年9月28日，意大利借口土耳其在其北非殖民地阻挠了意大利的"正常商务活动"，而向土耳其发出最后通牒，要求土耳其开放那些地区的自由通商权，否则就动用武力。土耳其断然拒绝，意土战争爆发。由于意大利军队装备精良，有飞机、大炮等先进武器，所以很快就掌握了战争的主动权。最终，土耳其忍痛把的黎波里和昔兰尼加（后来合称利比亚）割让给意大利。

土耳其在意土战争中惨败，巴尔干地区的人们认为这是一个取得自身完全独立的大好机会。于是，公元1912年8月，塞尔维亚、保加利亚、希腊和门的内哥罗四国先后达成协议，组建"巴尔干同盟"，联合攻打土耳其帝国。同盟军很快就击败了土耳其军队，土耳其政府被迫求和谈判。公元1913年5月30日，参战各国在英国伦敦签署《伦敦条约》，土耳其放弃了除君士坦丁堡以外其所有在巴尔干半岛的领地，巴尔干同盟获得了盼望已久的民族独立。

但不幸的是巴尔干同盟的内部很快就产生了分歧。保加利亚在这场战争

中获得的领土面积最大，引起了塞尔维亚、希腊、门的内哥罗的不满，并纷纷要求保加利亚把自己想要的土地划分给它们，就连没参加同盟的罗马尼亚也要求保加利亚划出马其顿的一部分给它。

保加利亚拒绝了四个国家索要领土的要求，这些国家就组建反保联盟，由此拉开了巴尔干地区争战的序幕。6月29日，保加利亚先下手为强，进攻反保联盟里最活跃的塞尔维亚。不久，门的内哥罗、罗马尼亚、希腊等国也先后卷入了这场战争，土耳其随后也参加到抗保加利亚的战争中。保加利亚很快就撑不住了，请求停战和谈。

8月10日，在罗马尼亚的布加勒斯特，战争双方签订和约。保加利亚将马其顿的大半领土割让给塞尔维亚和希腊，把多布罗查划给罗马尼亚，土耳其则重新得到了亚得里亚堡等。由于塞尔维亚得到了马其顿的大部分领土，对奥匈帝国在巴尔干的利益造成了严重威胁，因此它就和德国一起，开始寻找发动战争的机会。

萨拉热窝的枪声

公元1914年5月，奥匈帝国与德国举行会谈，商讨共同进攻塞尔维亚的军事计划。6月12日，奥匈帝国皇太子弗兰茨·斐迪南大公去德国与威廉二世举行会谈，正式确定了共同出兵塞尔维亚的军事计划。两周后，奥匈帝国在靠近塞尔维亚边境的波斯尼亚首府萨拉热窝举行军事演习，假想敌人是塞尔维亚。斐迪南大公决定带着他的妻子前往萨拉热窝视察，并观看军事演习。塞尔维亚的"黑手会"得到此消息后，立即决定与波斯尼亚当地的"青年波斯尼亚"共同部署暗杀斐迪南大公。

6月28日清晨，斐迪南大公将在当天访问萨拉热窝，获得此消息后，七名刺客便埋伏在斐迪南的必经之路上。上午10时，斐迪南夫妇检阅军事演习后，便乘坐敞篷汽车进入了萨拉热窝城区。车队来到市中心的阿佩尔码头，埋伏在那里的第一名刺客没能动手，另外一名刺客从道路两旁围观的

加夫里洛·普林西波刺杀斐迪南夫妇

人群中突然冲了出来，向斐迪南乘坐的车辆奋力扔出一枚手榴弹。但这枚手榴弹在他后面那辆汽车的前方爆炸，那名刺客被抓。随后，斐迪南按原计划参加市政厅的欢迎会后，又驱车前往医院，去看望在爆炸事故中受伤的随从。在前往医院的途中，年仅19岁的刺客加夫里洛·普林西波，手持勃朗宁1900型手枪，对着斐迪南夫妇连射七枪，分别击中了他们的颈部和腹部，10小时后，斐迪南夫妇双双离开人世。

斐迪南夫妇被暗杀的消息传到奥匈帝国国内，7月28日，奥匈帝国正式向塞尔维亚宣战，并向塞尔维亚发起进攻。此时，俄国进行全国总动员，开始出兵援助塞尔维亚。德国于8月1日向俄国宣战，8月3日对法国宣战。8月4日，德国向中立国比利时发起进攻，英国对德宣战。随后英国又对奥匈帝

国宣战。就这样,第一次世界大战的帷幕,在萨拉热窝的枪声中拉开了,自此,协约国与同盟国两大敌对阵营,开始了一场旷日持久、真刀真枪、战火与热血的较量。

3 德国的陷阱

东线俄军重兵压境，使德军即将陷于东西作战的窘境，一份意外截获的明码电报，却帮助德军以弱胜强，迅速扭转战局，最终取得了胜利，成就了德军战场上的一段传奇。

○ 俄军压境，东线告急

第一次世界大战爆发后，德国突然袭击比利时，计划从这里先打开通往法国的道路，再集中优势兵力，用六个星期的时间迅速击败法国，之后，再把部队调向东线，集中对付俄军。

德军攻下比利时后，正准备按计划向法国纵深区域大举进攻的时候，东线战场却突然告急，因为俄国刚刚组建的西北方面军，在俄军总参谋长日林斯基将军的率领下，正在开向德国东部边境。西北方面军拥有65万人的兵力，下辖第一、第二集团军，是一个庞大的队伍。显然，俄国的目的就是陷德国于两线作战的窘境，从而尽快结束这场战争。而在东线驻扎的德军守卫军，只有普里特维茨将军的第8集团军，仅仅14万的兵力，在实力上明显处于弱势。公元1914年8月17日，德俄两军进行了一次遭遇战，俄军很快就取得了战场主动，迫使德军向西全线撤退。东线德军即将崩溃。

❍ 一份明码电报，一份超级大礼

8月20日，德军第8集团军的无线电侦察部队截获了一份俄军明码电报，是第1集团军司令发给第2集团军司令的，内容是："第1集团军由于补给车辆未到，三天内暂停前进，需要等待辎重军需车的到来，故目前不能与第2集团军进行联合作战。"

军事电报本应采用加密的方式发出，而俄军为什么会用明码的方式发出呢？原来在开战之前，西北方面军总司令日林斯基怀疑俄军之前的军用密码可能已被德军破译，就决定采用一套新的军用密码体系。但在发放新密码的时候，居然将换发的命令只发给了第1集团军，并让第1集团军立即将旧密码销毁，只能使用新密码。因为这件事，两个集团军之间就不能互通信息。第2集团军只能用老密码给第1集团军发电报，而第1集团军因已将老密码销毁而看不懂电报的内容；而第1集团军只能用新密码给第2集团军发电报，而第2集团军仍在使用旧密码，当然也看不懂发来的电报内容，并且两个集团军之间有一个天然湖，当时既没有公路和铁路，也就不能进行人工联络。于是他们向日林斯基将军请示，该如何解决这个尴尬的问题。日林斯基将军认为德军似乎已经处于强弩之末，即使获得这些情报，对战局也不会产生多大影响，于是就命令两军可直接用明码进行联系。

❍ 设下陷阱，扭转战局

然而这份明码电报对德军来说，却是一份具有战略意义的超级大礼。德军对电报的内容核实属实后，真是喜出望外。他们立即对军事进行相应的调整与部署。此后的三天里，德军就完全不用担心俄军第1集团军发起进攻，所以，他们就将德军所有的攻击力量集中攻击第2集团军，在短时间内迅速将其击垮，甚至全部歼灭，就能彻底扭转德军的被动局面。此外，德军还紧

Part 9 谁赢谁败——难以避免的人间浩劫

急调来第9集团军,与第8集团军一起,部署在俄军第2集团军的正面。8月23日,德国统帅临阵换将,任命作战勇猛的保罗·冯·兴登堡将军为第8集团军司令,埃里希·鲁登道夫将军担任参谋长。

一切安排就绪之后,兴登堡将军下令,引诱俄军第2集团军进入设下的伏击圈。而此时的俄军已经完全失去警惕性,他们想都没想就钻入了德军精心缝制的口袋。德军立即对包围圈内的俄军实施围歼。

兴登堡和鲁登道讨论战役形势

到了8月30日,俄第2集团军已被德军打得一败涂地,3万人战死,10万人被俘,集团军司令自杀身亡。德军随即又转头向俄军第1集团军发起攻击,并且很快将其团团包围。9月15日,战斗结束,俄第1集团军伤亡14万人,而德军仅伤亡1万人。

此战之后,刚刚组建的俄军西北方面军已荡然无存。在此后相当长的一段时间里,俄军均无力组织起大规模的进攻。这样,一份明码电报帮助德军解决了东线之急,接下来德军就可以集中兵力对付西线的协约国军队了。

4 大规模海战

公元1916年，两个强大的舰队在海上斗智斗勇，都想置对方于死地。他们相继各自制订了歼灭对方的作战方案，巧合的是，他们的方案竟然不谋而合。于是，在浩瀚的日德兰海域，他们各自的首领人物率领他们各自的舰队玩起了"钓鱼"的游戏，各自都付出了惨重的代价，但又都认为自己是胜利者。

❏ 类似的作战方案

公元1916年，第一次世界大战进入第三个年头。在陆地上，可怕的杀人武器战斗机、毒气弹、马尔斯巨型火炮相继亮相，几百万士兵，身着戎装，在战场上厮杀、战斗和流血。在海上，德国的公海舰队无力面对强大的英国本土舰队，只能龟缩在不来梅港和威廉港内，被英国人嘲笑为"存在舰队"和"看门狗"。德国皇帝威廉二世决定任命莱因哈特·舍尔为公海舰队的新司令。舍尔向皇帝提请他的作战计划：用小规模舰队骚扰英国海岸，引诱英国分舰队迎战，再用公海舰队的主力围攻歼灭，严重削弱英国本土舰队的力量，最后与英国本土舰队进行决战。威廉二世很满意并很快批准了舍尔上将的计划。

公元1916年5月30日，德国海军中将施佩尔率领5艘战列巡洋舰、5艘巡洋舰和20艘驱逐舰组成的"诱饵舰队"从威廉港出发，驶向日德兰半岛与瑞典之间的斯卡格拉克海峡。两个小时后，舍尔上将率领公海舰队的主力，悄悄地离开威廉港，在诱饵舰队身后尾随。在航行的路上，施佩尔生怕英国人发现不了自己，就让部下不停地用无线电发报机发报。这个担心是多余的，因为英国海军一天前就已经得到了德国舰队要出海的情报。尽管不清楚德国舰队出动的规模，杰利科上将与他的手下贝蒂中将还是制订了一个与德国人类似的作战方案——贝蒂中将先率一支分舰队与德国舰队主动交战，然后再伺机撤退。等德国舰队开始追击后，杰利科上将就率领本土舰队的主力从侧翼一举消灭德国舰队。

无巧不成书

按照作战方案，5月30日晚，贝蒂中将率领由4艘战列舰、6艘战列巡洋舰、12艘轻型巡洋舰和27艘驱逐舰组成的"英国"诱饵舰队离开军港。几个小时后，杰利科海军上将也率领本土舰队的主力出发了，他尾随在贝蒂舰队的身后。第二天下午2点整，两支庞大的舰队在北海的海面上同时出现，施佩尔的舰队在贝蒂舰队的东边，双方谁都没有发现对方的存在。下午2点20分，从两支舰队之间经过的一艘丹麦籍货轮，不早不晚地拉响了自己的汽笛。德国巡洋舰"埃尔平"号和英国巡洋舰"加拉蒂"号同时向货轮方向靠近，很快它们就发现了对方，英国人抢先发射了一发炮弹，自此，就拉开了日德兰大海战的序幕。

惨烈的较量

施佩尔中将和贝蒂中将几乎同时获悉敌袭的报告，施佩尔令舰队向公海舰队主力所在的方向撤退。恰巧与贝蒂相遇，贝蒂完全忘了自己诱饵的身份，他下令舰队全速追击。就在此时，他们各自的主力舰队也在加速向战场赶。下午3点48分，贝蒂舰队与施佩尔舰队展开了战斗。德国军舰装有先

进的测距仪和指挥系统，所以它的军舰的射击更加准确，很快就击中了贝蒂舰队中的战列巡洋舰"狮"号、"虎"号、"玛丽王后"号。下午4时整，贝蒂的旗舰

德国装甲巡洋舰"吕措夫"号被英舰击成重伤后，该舰水兵乘救生舟转移至另一德舰

"狮"号的炮塔被一枚穿甲弹击中，幸好弹药库已经注水，否则就有可能引发大爆炸。"玛丽王后"号被几发炮弹击中弹药库后，在爆炸声中沉入北大西洋的海底。几分钟后，"不屈"号也遭遇了与"玛丽王后"号一样的命运。这是第一轮交锋，德国舰队以2:0领先。贝蒂为巨大的损失心痛万分。

就在这时，舍尔率领公海舰队主力赶到战场。贝蒂急忙令舰队向北撤退。德军舰队全力追击，却不知道自己在追赶的其实也是一个有毒的诱饵。晚上6时左右，杰利科率领的本土舰队24艘"无畏"级战列舰，排成海战中最能发挥火炮优势的"丁"阵形，进入战场，而公海舰队的阵形却是纵队形，不利于火炮射击。德国军舰又击沉了英国"无敌"号军舰，但它的"吕措夫"号战列舰也被打得千疮百孔。这时，舍尔得知自己面对的是整个本土舰队，就决定撤出战场。晚上7时整，"吕措夫"号发起了决死冲锋，准备撤退。双方的巡洋舰、驱逐舰相互英勇搏杀，战列舰主炮的炮口不停地发火。

6月1日凌晨3时，经过激烈的战斗，公海舰队终于冲破本土舰队的包围，撤回威廉港，追随而来的英国人只能在德国人布下的水雷区外愤怒咆哮。4时15分，杰利科上将下令本土舰队返航，日德兰海战结束。

日德兰海战，英国人损失战列巡洋舰3艘、轻型巡洋舰3艘、驱逐舰8艘，伤亡6900多人；德国人损失战列舰1艘、战列巡洋舰1艘、轻型巡洋舰4艘、驱逐舰5艘，伤亡3000多人。

海战结束后，交战双方都认为自己胜利了。德国人认为他们击沉的英国军舰更多，而英国人则一口咬定德国人是率先逃跑的。美国《时代周刊》的评价还是比较公允的："德国公海舰队凶狠地攻击了它们的监狱看守，但它们还是被关在囚笼之中。"

日德兰海战是战列舰时代最辉煌的一次战斗，它使越来越多的国家认识到了巨舰大炮的不足，这次海战之后，航空母舰和潜艇逐渐成为海战中取胜的决定性武器。

5 二战风云

公元1939年9月1日至公元1945年9月2日，以德国、意大利、日本三个法西斯帝国轴心国和匈牙利、罗马尼亚、保加利亚等王国仆从国为一方，与以世界反法西斯同盟和反法西斯力量为另一方，展开了第二次全球性的大规模的战争。从太平洋到大西洋，从亚洲到欧洲，作战区域大约2200万平方米，有61个国家和地区先后被卷入战争。战争夺去了9000多万人的生命，耗费物力财力5万多亿美元。战争最后以美、苏、中等反法西斯国家和反法西斯力量胜利而告终。战后世界赢得了和平与发展。

卢沟桥事变

二战前世界战争风云

1. 日本发动全面侵华战争

公元1931年9月18日，日本炮轰沈阳，发动了九一八事变，侵占中国东北地区，在世界的东方形成了一个战争策源地，一战后形成的相对稳定的世界格局被打破，二战已经浮现出苗头。1937年7月7日，日本又挑起卢沟桥事变，全面发动侵华战争，进一步使国际形势的紧张态势加剧。

2. 意大利对埃塞俄比亚的侵略战争

公元1935年10月3日，为缓解国内经济危机带来的经济压力，在英、法默许下，意大利发起了对埃塞俄比亚的侵略战争。埃塞俄比亚人民奋起反抗，但由于与对方实力差距过大以及西方国家的出卖，埃塞俄比亚最终因寡不敌众而亡国。这次战争进一步助长了法西斯的嚣张气焰。

3. 西班牙内战

公元1936年7月17日至1939年4月1日，西班牙第二共和国发生了一场内战，交战的一方为由苏联和墨西哥援助的共和国总统曼努埃尔·阿扎尼亚的共和政府军与人民阵线左翼联盟，另一方为由纳粹德国、意大利王国和葡萄牙支持的以弗朗西斯科·佛朗哥为中心的西班牙国民军和长枪党等右翼集团。最终，战争以右翼集团胜利而告终。战后西班牙重回帝制。这次战争也是轴心国集团与国际共产势力的代理战争，因此被认为是二战发生的前奏。

4. 慕尼黑阴谋

公元1938年9月，英、法、德、意四国首脑在德国的慕尼黑召开会议，在没有捷克斯洛伐克代表参加的情况下，签订慕尼黑协定，擅自将苏台德等地区强行割让给了德国。历史上将这次事件称作"慕尼黑阴谋"。这次事件

把绥靖政策推向了顶峰。自此，德国纳粹更加肆无忌惮和疯狂，1939年，德国纳粹控制捷克斯洛伐克全境，大大增强了德意志的军事和经济力量，客观上加速了对外侵略的步伐。

⊃ 二战起因

原因之一：经济危机

公元1929年10月24日，美国纽约华尔街证券交易所发生狂抛股票的浪潮，美国股市崩盘，银行出现挤兑风潮。美国经济崩塌，陷入了绝境。就这样，资本主义发展史上一次最严重的全球性经济危机爆发了。

1929年的美国华尔街

原因之二：法西斯独裁国家的形成

公元1922年10月，意大利国王任命墨索里尼为总理，自此，意大利王国开始建立法西斯专政。

公元1933年1月，希特勒登上德意志第三帝国的元首宝座，2月制造了国会纵火案，3月又通过《授权法》，随之又出台了一系列法西斯法案。第二年8月他颁布的《国家元首法》，全面改组国家生活，建立了独裁统治的法西斯体制。另外他还加紧扩军备战。

公元1936年，日本法西斯青年军官发动"二二六"兵变，大大加强了军部实力。没过多久，军部把广田弘毅推上台，建立起军事法西斯专政。之后，德、意、日签订反共产主义协定，并干涉西班牙内战。

原因之三：《凡尔赛和约》惹的祸

德国对一战后签订的《凡尔赛和约》中的苛刻条款一直怀有怨恨。公元1933年初，希特勒任德国总理，纳粹党大权在握，希特勒就秘密着手武装德国。

原因之四：国际联盟形同虚设

公元1920年成立的国际联盟原本是各国为防止武装冲突、加强普遍和平与安全而成立的，但它实际上受英法操纵，仅仅帮助大国重新划分了势力范围，并没有发挥维护和平的作用。由于美国缺席，它的职能进一步削弱。二战前，国际联盟无力阻止法西斯的扩张，已经形同虚设。

战争开始

公元1939年8月23日，苏联与德国签署《苏德互不侵犯条约》，希特勒得到苏联中立的保证后，决心背水一战。9月1日，德国调集58个师，近150万人，坦克2800辆，飞机约2000架，兵分三路，突然向波兰发动袭击，第二次世界大战开始。9月3日，英法被迫对德宣战。1941年12月7日，日本突袭美国海军基地珍珠港，美国的太平洋舰队惨遭损失，美国正式对日宣战。第二次世界大战全面爆发。

二战主要战场及战役

第二次世界大战波及亚洲、欧洲、美洲、非洲、中东、太平洋、大西洋、地中海、大洋洲、欧洲。战争主要有五大战场，即欧洲战场、苏德战场、北非战场、中国战场和太平洋战场。其中主要战场有中国战场、西欧战场、东欧战场、太平洋战场、东南亚战场、北非战场和大西洋战场。

主要战役有中国战场上的抗日战争和苏日战争；西欧战场的法国战役、敦刻尔克大撤退、不列颠空战、西西里岛登陆战役和诺曼底登陆；东欧战场的波兰战役和苏德战争，太平洋战场的中途岛海战、珍珠港战役、瓜达尔卡纳尔岛战役、硫磺岛战役和冲绳战役；东南亚战场的缅甸战争；北非战场的阿拉曼战役、突尼斯会战；大西洋战场的大西洋海战。

两大阵营

第二次世界大战参战国形成两大阵营：同盟国阵营和轴心国阵营。同盟国阵营主要成员国有美国、苏联、中国、英国、法国、澳大利亚、新西兰、丹麦、挪威、荷兰、卢森堡、比利时、希腊、英属印度、土耳其、南斯拉夫、波兰、捷克斯洛伐克、加拿大、墨西哥、阿根廷、巴西、智利、古巴、海地、南非联邦、秘鲁、哥斯达黎加、巴拿马、厄瓜多尔、多米尼加、萨尔瓦多、洪都拉斯、尼加拉瓜、危地马拉、玻利维亚、大韩民国临时政府、菲律宾联邦、伊朗、沙特阿拉伯、叙利亚、伊拉克、黎巴嫩、埃及、埃塞俄比亚、利比里亚、巴拉圭、乌拉圭、哥伦比亚、委内瑞拉。

轴心国阵营成员国有德国、日本、意大利、匈牙利、保加利亚、罗马尼亚、斯洛伐克、克罗地亚。

原在轴心国阵营里的意大利、匈牙利、罗马尼亚、保加利亚、芬兰五国退出轴心国阵营后，又加入了同盟国阵营。

主要会议

二战期间，为协同对付共同的敌人，各国首脑举行了很多会议，著名的会议主要有华盛顿会议、雅尔塔会议等。

Part 9 谁赢谁败——难以避免的人间浩劫

1. 华盛顿会议

法西斯国家疯狂侵略，激起了全世界人民的愤怒与反抗。为了对付共同的敌人，美英苏等国家逐渐走向联合。公元1942年1月1日，美英苏中等26个国家派代表在美国华盛顿召开会议，会议主要内容为各参会国联合起来，用自己所有的物力财力，彻底打败法西斯国家。与会代表签署《联合国家宣言》，国际反法西斯同盟正式形成。

2. 雅尔塔会议

公元1945年1月，希特勒的军队基本上被美英苏三国军队赶回其国内，反法西斯战争已经胜利在望。2月，美英苏三国首脑在苏联的克林米亚半岛的雅尔塔举行会议，就最终击败德国的计划及战后德国处置问题、波兰问题、苏联对日作战问题、联合国问题等进行了商讨，并达成了共识。会议决定，成立联合国；德国战败后，要对其进行军事占领，彻底消灭其法西斯主义；苏联在德国投降及欧洲战争结束后2个月或3个月内参加对日战争。

○ 战争结束

公元1945年4月16日，苏军发动柏林战役；4月30日，希特勒见大势已去，开枪自杀；5月8日，在柏林，德军最高统帅代表德国

德国代表在投降书上签字

在投降书上签字，宣告纳粹德国正式投降，欧洲战场结束。8月6日和8月9日，美国先后在日本的广岛和长崎投下两颗原子弹；8月15日，日本正式宣布投降，9月2日，在东京湾美国"密苏里号"战舰上，日本在《日本投降书》上签字，第二次世界大战正式结束。

6 希特勒的野心

尽管一战失败德国背负了10亿英镑的战争债务，但由于英美的鼎力支持，德国很快就恢复了社会经济，走出了困境，随之而来的，是德国希特勒对外扩张的野心。

○ 和约埋下的祸种

第一次世界大战持续了四年零三个月，公元1918年11月11日才正式落下帷幕。公元1919年，英、法、美、意、日等战胜国在巴黎近郊的凡尔赛宫举行了一个所谓的和平会议，战胜国单方面制定《凡尔赛和约》，并强迫德、奥等战败国签署。按照和约规定，德国失去了1/8的国土、1/10的人口和300万平方公里的殖民地，还要负担战争赔款10亿英镑。不仅如此，德国还要废除义务兵役制和解散德军总参谋部；规定陆军不得超过10万人，海军不超过1.5万人，不得拥有主力舰和潜艇，舰只不得超过36艘，不得建立空军和军校，不得拥有坦克、重炮、军用飞机等武器，拆除德国西线的军事工事，莱茵河左岸的德国领土由协约国占领15年，在莱茵河左岸及右岸50千米内，德国不得设防。德属太平洋地区的殖民地由英、日两国瓜分，德属非洲殖民地则由英、法两国瓜分。

《凡尔赛和约》在很大程度上满足了各战胜国的欲望，但因分赃不均，

意大利等国对英、法两国感到不满，认为受了欺骗，便怀恨在心。德国人则称其为"耻辱的和约"。这就为日后发生更大规模的战争埋下了种子。

德国虽然需负担沉重的战争债务，但在德国问题上，美、英、法等国却存在着很大的分歧，这让德国从中获取不少利益。美国是一战中最大的受益者，为了开拓欧洲市场，特别是德国市场，美国很慷慨地给德国提供巨额贷款，同时还加大对德国的投资。英国则不愿让德国就此倒下去，而任由法国在欧洲大陆称霸。另外共产党在俄国已建立了社会主义政权，而让德国保持强大就能阻隔其向西发展。而法国则一心想把德国置于死地，这样它才可以安心地称霸欧洲。就这样，在英美两国的大力支持下，德国虽然背上了沉重的战争赔款负担，但却从英美那里获得了大量英镑和美元的投资，国力迅速恢复起来，武器装备也不断得到增强。

⊃ 希特勒的野心

公元1889年，希特勒出生在奥地利与德国搭界的边境小镇布劳瑙。希特勒少年时期非常叛逆，没读完中学就辍学回家了。一战爆发后，25岁的希特勒突然发现战争是他施展抱负的最好舞台，于是他就自愿参军了。

公元1918年，德国战败，希特勒觉得这简直就像是世界末日，他接受不了强大的德意志民族向英、法等国屈服的事实。这一年，他加入法西斯组织——"德国工人党"，靠着能言善辩，他很快取得了这个组织的领导地位。公元1920年2月，希特勒将该组织改名为"民族社会主义工人党"，即"纳粹党"，不久，他成为该党主席。公元1923年11月，希特勒在慕尼黑发动暴动，企图推翻现政府，组建法西斯政权。但这次暴动很快就被镇压，希特勒入狱。

在服刑期间，希特勒口述，他的追随者鲁道夫·赫斯执笔，撰写了《我的奋斗》一书，此书臭名昭著，阐述的是征服全世界，建立由雅利安民族领导的世界的规划。公元1932年7月，希特勒在大选中极力宣扬"强权国家是改善经济的前提"，煽动德国人寻求"新的生存空间"，赢得了许多选民的拥护和支持。最终，纳粹党获得了37.3%的选票，成为德国国会第一大党。

公元1933年1月30日，德国总统兴登堡任命希特勒为总理。刚一上台，希特勒就开始加快德国重整战争机器的步伐。公元1935年3月5日，他宣布建立国防军，不久就颁布国防法令，同时恢复了普遍义务兵役制。这些措施等于从实质上废除了《凡尔赛和约》。德国越来越肆无忌惮，战争的脚步也越来越近了。

公元1922年10月29日，墨索里尼做了意大利总理，法西斯专政就开始在意大利确立了。墨索里尼梦想成为凯撒大帝，他一上台就暴露了对外扩张的野心，把侵略矛头指向地中海沿岸及非洲的广大地区，企图把地中海变成意大利的内海，并建立起"大罗马帝国"。

战前硝烟——二战策源地的形成

公元1924年，意大利动用武力，威逼南斯拉夫割让亚得里亚海北岸的港口阜姆。公元1934年，墨索里尼出兵侵占东非国家阿比西尼亚，公元1935年，他又发动侵略埃塞俄比亚的战争，公元1936年与德国一起干涉西班牙内战和内政。公元1936年10月25日，德国与意大利签订《德意轴心协定》，在埃塞俄比亚、西班牙等问题上达成了共识。不久，德国与意大利结成"罗马——柏林轴心"，在二战中，墨索里尼是希特勒的主要帮凶。

在远东和太平洋地区，美日两国之间的利益冲突不断升温。一战之后，德国与俄国的军事实力大幅降低，日本因此就萌发了从未有过的优越感，自认为自己的实力足以与美国媲美了，于是它没事找事，在多个场合与美国发

生摩擦。日本疯狂扩张,英国担心会威胁到自己在亚洲的权威。为了共同对付日本,公元1921年11月,美、英、法、日、意、中、比利时、荷兰、葡萄牙在美国华盛顿举行会议,签署了《九国公约》。日本对这一公约极为不满,日本国内的军国主义势力在抬头,战争的野心在膨胀。公元1940年9月,德、日和意签订了《德意日三国同盟条约》,该条约规定,如果美国为了英国的利益而加入欧洲战争,日本则有义务为轴心国参战。日本已正式加入了轴心国联盟。这样,战前硝烟不断,为了共同的利益和目标,德、意、日也走向了联合,它们所组成的轴心国就成了第二次世界大战的策源地,人类历史很快就要遭遇一场最惨烈的大浩劫。

《德意日三国同盟条约》签约现场

7 天真的法国人

由于一战"大规模进攻"造成惨重失败的教训和多次防御战役取得巨大成功的经验，法国的军事指导思想从一个极端跑到了另一个极端——从"完全进攻"跳到了"完全防守"。天真的法国人把国家的安全竟然寄托在建造防御工事上，不惜重金，建造成一条长约390公里的防御工事，这就是马其诺防线。尽管防御工事坚不可摧，但当德军从其背后袭击时，它就失去了应有的作用。很多人，包括法国人在内，都认为法国在二战中大溃败的根源在于马其诺防线，其实真正的根源在于法国的完全防御思想，马其诺防线仅仅是这种思想的一个具体实践。

天真的想法

一战初期，法国从普法战争的惨败中汲取教训和经验，大肆鼓吹"大规模进攻"的军事指导思想，轻视野战中炮兵的火力掩护，结果却遭到惨重失败。后来通过多次防御战役取得胜利，特别是凡尔登战役，更成为法国人勇于牺牲、坚持到底的一个骄傲，也使法国的军事指导思想转向注重火力掩护下的固定防御，尽可能避免在战场上与敌人开展遭遇战，而是尽量在预定的防御阵地上，用较强的火力打击来犯之敌。凡尔登战役的贝当元帅不止一次地亮明他的军事观点"坦克和飞机不能改变战争的形态和进程，法国的安

全，主要建立在边境上连绵不断的要塞工事上"。后来，法国人又对其融入现代技术，进行改进并发扬光大，最后竟然将其发展到登峰造极的地步，落实到军事实践中，那便是耗费巨大的物力财力人力，天真地建筑了著名的马其诺防线。

一战之后，战胜国迫使德国签订《凡尔赛和约》以示惩罚，企图使德国无力再度卷土重来。同时，法国为了国家安全，还考虑采取何种军事措施，来防止未来可能发生的入侵，保护法国国家安全。军队高层中有两种意见，一种是以一战结束时的盟军最高指挥官福煦为代表，认为国家安全最好的防御是进攻，一旦德国再次侵犯法国，法国就立即发起一场跨越莱茵河的进攻。另一种意见是依据一战时期，特别是凡尔登战役取得的经验，他们认为，法国最好能建造一系列要塞构成的战略防线，来抵御入侵的德国。这些防线的坚固程度需达到能让法军坚持到盟国提供援助之时，到时与盟军一起，联合封锁，打击和扼杀德国。法国的高层采纳了后者。

○ 马其诺防线的修筑

马其诺防线并不是短期内修筑的简单防御工事。早在公元1919年，法国就开始研究边境工程设防问题。公元1925年，法国制定边境构筑独立筑垒地域配系计划；公元1927年，法国决定，在其东北边境修筑3个独立的筑垒地域，即梅斯、劳特尔和贝尔福，公元1928年开始施工。当时德国的纳粹已经非常猖狂，他们已经重振武装。因此法国举国上下都强烈要求在法德边境设防。公元1929年12月，马其诺出任陆军部长，在他的努力下，公元1930年，法国国会同意拨付沿东北部边境修建绵亘防线的巨额资金。自此，防线全面施工，公元1936年，该防线基本完工。公元1937年，法国副总理兼国防部长达拉第决定，从马其诺防线北端开始，沿着整个法国、比利时边境，直到北海边，再建造一条达拉第防线，并且对马其诺防线进行了巩固和加强，公元1940年5月，德军进攻法国，工程才被迫停止。

不堪一击的马其诺防线

马其诺防线位于法国的东北边境，整个防御工事是由钢筋混凝土建造而成的，造价非常昂贵，因此，仅在法德边境修筑。防线内有壕沟、堡垒、发电站、医院、厨房、大炮、工厂等等，凡战争所需设施，样样俱全，而且防线内道路四通八达，在比较大的工事中还有轨电车通道。如此坚固的防御工事，敌人要想从侧翼迂回，只有付出惨重的代价才有可能完成突破。法军只需布置少量的兵力守备防线，就能够赢得足够多的时间来调集尽可能多的预备队，对来犯之敌进行痛击。因此，法国人把国家的安全寄托到马其诺防线身上也是有一定道理的，因为，突破这道防线敌人必定要付出惨重的代价。

这种心理上的安全感给法国人带来了致命性的打击。公元1939年9月3日，法国对德宣战，凭着马其诺防线的易守难攻，法国军队没有把这场战争当回事，他们

德军装甲集群突然出现于马其诺防线侧翼

都认为只要德国来到马其诺防线，就肯定遭到惨败，这场战争打起来肯定非常轻松。所以，法国士兵除每天挖一些毫无用处的工事外，几乎无所事事，

几乎不训练，步坦协同、空地协同战术他们听都没听说过，更不用说进行操练了。

马其诺防线牢不可摧，希特勒也不傻。他避开法德边境正面，绕过马其诺防线，选择了另一条进攻法国的方向。公元1940年5月至6月，德国主力部队越过阿登山脉，通过马斯河，直插法国腹地。从马其诺防线的左翼迂回，来到蒙梅迪附近，然后突破达拉第防线，占领法国北部，接着又进抵马其诺防线的后方。天真的法国人，想都没想到，他们寄予厚望的防线不仅丧失了作用，而且竟然如此不堪一击，守备的法国军队腹背受敌，被德军打得一败涂地。

8 被拖下水的美国

公元1941年12月7日，日本偷袭珍珠港，美国太平洋舰队几乎全军覆没。美国被迫对日宣战，由此拉开了太平洋战场的序幕。

日本的野心

在欧洲、东亚等战场战火纷飞、昏天暗地的时候，大洋彼岸的美国依然是一片和平与宁静，战争好像跟美国人没什么关系。然而日本的军费开支却远远超出了其国力能够承受的限度。自卢沟桥事变以来，历时4年，日本的军费开支达500亿日元，比日本从明治维新至公元1936年近70年的经济预算总和还要高。对此，日本军方高层决定"以战养战"，继续把战争扩大到东南亚，从而达到攫取战略物资的目的。

公元1941年7月2日，日本御前会议通过《帝国国策纲要》，宣称日本将以建设大东亚共荣圈为方针。10月18日，好战分子东条英机上台，为实施"南进"计划，日本必须先拔掉驻扎在夏威夷的美国太平洋舰队。这样，日本与美英两国开战已经不可避免。

11月4日，日本陆海军最高参谋会议确定，定于12月初日本偷袭驻扎在珍珠港的美国太平洋舰队，此次行动的代号为"Z作战"。同一天，日本派特使前往美国佯装进行和谈。在日美开战前的20多天里，日本特使多次假装着

与美国人进行了和平谈判，而且每次都强调说，日本无意与美国在太平洋开战，有效麻痹了美国。

偷袭珍珠港

公元1941年11月23日，在南云忠一的指挥下，袭击珍珠港的30多艘日本海军舰艇在日本单冠湾集结完毕。11月26日，偷袭舰队秘密驶往珍珠港。12月2日，南云忠一接到通知，攻击珍珠港的时间为东京时间12月8日，夏威夷时间12月7日。原因是，那天是星期天，美军休假，太平洋舰队的大部分舰艇都会在港内停泊，而且当天下半夜会有下弦月，便于空军行动。

夏威夷时间12月6日23时，在珍珠港入口以南7海里的海面上，日本海军将5艘袖珍潜艇放入大海。一个小时后，这5艘袖珍潜艇顺利潜入美军太平洋舰队的锚地。12月7日凌晨，日本联合攻击舰队30余艘战舰来到珍珠港北面约220海里的海域，此时肩负轰炸任务的飞行员严阵以待。6时左右，肩负第一攻击波任务的183架飞机开始起飞，到达珍珠港上空。而美军雷达操作员毫无戒备，竟把这些飞机当成了美军战机。此时珍珠港内共有美国海军舰艇94艘。

偷袭珍珠港

当日本第一攻击波指挥官发出事先约定好的"虎！虎！虎！"攻击信号后，珍珠港立即成了火的海洋。由于是周末，港内美军的战舰上人员不

Part 9 谁赢谁败——难以避免的人间浩劫

到3/4，很多防水密封舱门也都被打开。日本人的突然来袭，美国人措手不及，还未来得及反应，仅仅半个小时就损失了"西弗吉尼亚"号战列舰、"亚利桑那"号战列舰、"俄克拉荷马"号战列舰及其战舰上的士兵。

7时53分，日本第二攻击波的168架战机飞到珍珠港的上空，"内华达"号战列舰成为日军的主攻目标。此时美军已经稍微缓过劲来，他们用各种对空武器拼命射击日军轰炸机，才抑制住了日本人的攻击势头。

为防止"内华达"号战列舰被日军击沉后阻塞珍珠港的主航道，美军就用几艘拖船把它拖到港口外围。日军轰炸机转而击沉了"加利福尼亚"号战列舰。

短短90分钟的袭击，珍珠港内烈火熊熊，浓烟滚滚。美军伤亡4400多人，其中死亡2403人；被炸毁飞机188架；被击沉战列舰4艘、重创1艘、炸伤3艘，驱逐舰、巡洋舰及各类辅助舰被炸沉、重创10艘。这一战美军太平洋舰队几乎全军覆没，"企业"号航空母舰因在港外才免遭损伤。而日本仅损失飞机29架和袖珍潜艇5艘。

○ 美国被拖下水

日军偷袭珍珠港成功后，12月8日上午，东条英机就在广播上向全国发表讲话，号召全国民众全力以赴打败西方列强。当天日本全国的广播系统开始播放战争宣言。

同一天，美国总统罗斯福向国会两院发表战争咨文，他说："昨天，公元1941年12月7日——必须永远记住这个耻辱的日子——美利坚合众国受到了日本帝国海军突然的、蓄意的进攻。"国会很快就正式批准对日宣战。

珍珠港遭袭的消息传到英国首相丘吉尔那里，他激动万分，说出的第一句话竟然是"好了，我们总算赢了"。因为他很清楚，美国的参战，意味着

这场大战的战略格局将被彻底改变。

在偷袭珍珠港的同时，日本还袭击了菲律宾和马来西亚。在不到半年的时间里，日军就占领了香港、缅甸、新加坡、菲律宾、马来西亚、印度尼西亚、新几内亚、新不列颠岛、新爱尔兰岛和所罗门群岛等国家和地区，并相继控制了越南和泰国。日本的领土面积增加到386万平方千米。

日本的侵略扩张行为严重损害了英美两国的利益，这两个国家不得不携起手来，对付共同的敌人。偷袭珍珠港，使日本从战术上获得了巨大的胜利，但从战略上来看，日本却是完完全全的失败，因为它迫使美国这个超级大国加入战争，日本就不得不在多个战场上同时作战，巨大的军费开支将会让这个国力虚弱的国家难以承受，为它日后走向失败埋下了伏笔。

美国总统罗斯福

Part 10

在风暴中觉醒——走出大熔炉的现代入口

　　1991年,东欧发生剧变,冷战以苏联的解体而宣告终结。美国成为唯一的超级大国,但却失去其原有的优势。在政治上,美国不得不面对复苏的欧洲、崛起的中国、苏醒的俄罗斯、经济发达的日本、巴西、印度等后起国家挑战的现实,以色列、伊朗、朝鲜等小国家为攫取利益,也活跃地游走于大国之间。经济上,西方国家虽然仍处于明显的优势地位,但世界各国在经济上也逐渐占据了举足轻重的地位,其影响力已不容忽视。因此,世界局势开始由冷战与对峙转向和平与交流……

1 义无反顾的抗战

在意识形态上完全敌对的两个政权，使整个朝鲜民族走上了分裂、对抗的道路，不可避免地引发了朝鲜半岛的战争。美帝国主义的参与，使这场战争成为社会主义阵营与资本主义阵营的一场残酷较量，是正义与非正义、侵略与反侵略的斗争。为保家卫国，中国人民志愿军义无反顾地与朝鲜人民并肩战斗，抗击美帝国主义的侵略，将其逐出朝鲜半岛。

○ 完全敌对的两个政权

二战后期，同盟国开始商讨战后各自殖民地的去留问题。公元1945年8月，美国提出，在朝鲜半岛上，以北纬38度线（即三八线）为界，美国与苏联分别占领南部和北部，苏联同意了。

公元1945年12月29日，美、英、苏三国外长会议签署《莫斯科协定》。根据协定精神，由美苏英共同组成托管委员会，督促朝鲜尽快选出自己合法的民主政府。而美国和苏联却在各自的占领区内，无情地镇压朝鲜民族主义运动，清洗反对派，培植自己的势力，扶持倾向于自己政权的势力。在北方，民族主义与右翼分子被清洗，仅留下共产党组织与左翼团体。在南方，共产党势力遭到打击变得越来越微弱。

美苏两国只管各自经营，托管委员会形同虚设，半岛的统一选举也遥遥

Part 10 在风暴中觉醒——走出大熔炉的现代入口

无期。公元1948年5月10日,南方进行单独选举,李承晚当选为南朝鲜总统,8月15日,宣告大韩民国政府正式成立。随后北方也举行单独选举,金日成当选为北朝鲜最高领导人,9月9日,他宣布朝鲜民主主义人民共和国正式成立。

这样,在朝鲜半岛上,同时出现了意识形态完全敌对的两个政权。整个朝鲜民族走上了分裂、对抗的道路。在意识形态和各自国家合法性的问题上,南北两个政权互不退让,用和平对话的方式解决问题已经成为不可能,朝鲜半岛的上空布满了战争的乌云。

义无反顾的抗战

公元1950年1月以后,苏联和美国相继撤出在朝鲜和韩国的驻军。公元1950年6月25日,在美国的操纵下,李承晚突然向三八线以北地区发动全面的武装进犯,朝鲜战争爆发。此时的朝鲜已建立起一个规模庞大的军队,并配有苏联提供的大量现代化武器装备,军队中还有两个中国人民解放军朝鲜族师。而韩国军队的武器却非常匮乏,既无重炮和坦克,也没有空军装备。南北开战,韩国军队根本就无招架之力,仅仅三

朝鲜战争爆发后,朝鲜人民军攻占汉城

天，汉城就失守了。

6月26日，美国总统杜鲁门派空军协助韩国作战，27日，又命令美国第七舰队驶入台湾海峡，阻止中国人民解放军渡海夺回台湾。7月7日，联合国安理会通过决议，由联合国会员国派出军队组成"联合国军"，由美国远东驻军司令麦克阿瑟上将统一指挥，帮助韩国抵抗朝鲜军队。与此同时，中国军队也开始在东北集结。

战争初期，朝鲜军队所向披靡，战火燃及韩国90%的地区，把南朝鲜军队和美军一直逼退至釜山。9月，在麦克阿瑟的亲自指挥下，联合国军在朝鲜半岛中部的仁川登陆，把北朝鲜军队一分为二，扭转了战局。中国此时发出警告：如果美军跨越三八线，中国就要出兵。但杜鲁门以为这是中国对联合国的"外交讹诈"，所以没有重视。10月，美军和韩国军队发起反攻，并越过三八线。

美军越过三八线

由于之前美军轰炸过中国丹东的文物市场，又派舰队进入台湾海峡，迫使中国中止渡海夺回台湾的战役，中国感受到美国的威胁。为了保家护国，中国最终决定，义无反顾地出兵朝鲜半岛。公元1950年10月19日，在彭德怀司令员的指挥下，中国人民志愿军渡过鸭绿江，开始了抗美援朝。

中国军队入朝后的第一次战役，就迅速扭转了战局，迫使联合国军全线撤退到清川江以南，但麦克阿瑟依然认为中国只是象征性地出兵。11月24

日，麦克阿瑟对清川江以北的中朝军队发起进攻。11月25日，中国人民志愿军发动第二次战役，采取诱敌深入的战术，以期合围全歼美军。美军和韩国军队惨败，被迫全线突围南撤到三八线，12月5日又弃守平壤。12月31日，中朝军队发动了第三次战役，一直推进到三八线以南约80公里处，攻占了汉城。

就在此时，杜鲁门政府与麦克阿瑟将军产生了意见分歧。杜鲁门担心引发第三次世界大战，不希望与中国或苏联发生直接冲突。而麦克阿瑟却提出很多针对中国大陆的攻击计划，如对中国东北进行大规模轰炸、用原子弹轰炸中国东南沿海大城市、邀请台湾军队参战等。这些计划与杜鲁门的意思明显相悖，最终惹恼了杜鲁门，他罢免了麦克阿瑟，任命马修·李奇微将军接任最高司令官。

公元1951年1月13日，美国提出停战建议，但毛泽东则认为中国有能力将美国军队赶出朝鲜半岛。1月25日，中国人民志愿军发起第四次战役，由于武器装备与美军过于悬殊，后勤保障不足，发起又过于仓促，就失败了。中国人民志愿军不得不放弃仁川与汉城，被迫全线后退到三八线以北。

志愿军跨过鸭绿江

4月22日至29日，中国人民志愿军发起第五次战役，朝鲜战场形势已倒向联合国军。联合国军发动"第二次春季攻势"，再次跨过三八线，志愿军遭受到入朝以来最大的一次损失，被迫全线撤退约40公里，勉强抵挡住联军的攻势。此后，战争进入对峙状态。

战争结束

公元1951年7月10日，双方同意停战谈判。为了谈判桌上取得优势，美军又发起"夏季攻势"和"秋季攻势"，但没有达到目的。不甘心的美军又进行大规模的空袭，上甘岭战役后，美军已无能力发动营以上规模的进攻，才意识到要想结束战争仍要通过谈判。由于双方提出的条件悬殊，停战谈判持续了整整两年。

公元1952年11月艾森豪威尔当选美国总统，其竞选时的口号之一就是要结束朝鲜战争。1953年3月5日，斯大林逝世，苏联首次呼吁和平解决战争。4月26日，和谈恢复，7月27日，双方签署《朝鲜停战协定》，朝鲜战争结束。

签署停战协定

2 一夜竖起的高墙

第二次世界大战后,曾为纳粹德国心脏的柏林并没有平静,它被一分为二为东西两部分,资本主义与社会主义两大阵营的政治交锋继续在这里上演,封锁与反封锁,分裂与反分裂使柏林陷入物资紧缺的危机。在德国的土地上,战后的第一次柏林危机后,促生了两个政治经济制度完全对立的国家,一堵高墙割断了东西的交往。

◯ 柏林危机

公元1945年,在盟军与苏联红军的夹击下,德军节节败退,5月2日,苏联红军完全占领柏林。5月8日,德国正式投降,欧洲战场战事宣告结束。

依照雅尔塔会议的协议,苏、美、英、法对德国进行分区占领,柏林市实行四国共管。柏林东部由苏联占领,而西部则由美、英、法三国分区占领。

为了对抗苏联,实现控制欧洲的目的,美国对德国采取了分裂政策。在美国的拉拢操纵下,公元1947年,美英法占领区实现合并。公元1948年2月,美、英、法、荷兰、比利时、卢森堡6国在伦敦举行外长会议,准备成立西德政府。6月18日,美、英、法宣布,在西占区进行货币改革,发行新的"B"记马克。

与此同时,苏联也在积极采取行动。西区合并后,苏联在苏占区成立了

德国经济委员会。西区进行货币改革后，苏联军事长官立即发声进行谴责，6月22日，苏占区也进行了货币改革，发行新的"D"记马克。6月24日，苏联出兵，切断西占区与柏林之间的所有水陆交通。柏林危机全面爆发，德国在政治和经济上均走向了分裂。

空运大行动

西柏林地处苏占区腹地，居民250万人，盟国的管制委员会与美英法的占领军都驻在那里。这座城市所需的食物及其他生活必需品全部依赖水陆运输。柏林西区被封锁时，其粮食与煤炭等物资储备仅能维持30天左右。

封锁的消息震惊美国朝野，总统杜鲁门亲自驻守在柏林。为避免与苏军发生正面冲突，解救危机，美国政府决定进行持续的大规模空运。6月26日，第一架C-54"空中霸王"式运输机，承载着一批急需的物资，从美国法兰克福起飞飞向柏林，举世瞩目的"运粮行动"正式开始了。西柏林的上空顿时成为飞机密度最大的区域，仅有的几条运输空道变得十分拥挤。

公元1948年10月，美英正式组建联合空中补给工作小组，由美国空军中将威廉·特纳统一指挥"美英联合空运特遣队"的空运行动。

柏林空运行动

西柏林居民要维持基本的生存，每天至少要消耗4500吨物资，西柏林居民面临着艰难的境况，柏林空运也被很多国家当成了一次人道救援。公元

1949年起，澳大利亚、新西兰和南非等国纷纷参与柏林空运。公元1949年4月16日，这一天西柏林的上空异常繁忙，所有运输机都出动了，创下了柏林空运中单日最高空运量纪录，当天的空运量达到12840吨。

德国分裂

苏联封锁美、英、法占领区交通的同时，美、英、法也对苏占区进行了反封锁，但美国认识到空运仅是一项权宜之计。苏联认为再利用封锁作为外交手段不仅无效，还会成为西方进行攻击性宣传的证据。于是苏联转而进行了广泛的和平运动。苏联策略的改变为和平解决柏林问题提供了条件。于是美苏双方均开始积极寻求外交解决柏林危机的时机。

自1949年2月起，美苏就开始进行秘密谈判，5月4日达成协议。第二天，四国宣布，自5月12日起，双方同时解除对对方的封锁，封锁解除十天后，召开外长会议，商讨有关德国与柏林的各方面问题。

可是就在此时，柏林分裂的趋势却日益加剧。8月，柏林市财政、警察局、邮政、粮食、社会保险和劳工等部门分裂。从9月起，市议会与市政会议均在柏林西区召开，其权力也仅限于西区。11月30日，柏林东区选出新市政府，弗里茨·艾伯特任市长。12月5日，柏林西部也选出市政府，路透任市长。美、英、法重新组建军政府，对西柏林进行占领管制。至此，柏林市的行政、立法、司法完全分裂，东西柏林各自独立。

战后第一次柏林危机结束了，但它却促成了两个德意志国家的建立。1949年9月，德意志联邦共和国成立，实行资本主义制度；10月，德意志民主共和国成立，实行社会主义制度。这样，德国就分裂成为两个政治经济制度完全对立的国家。

一夜竖起的高墙

德国分裂后，很多东德人经柏林逃往西方，这使东德和苏联忍无可忍。公元1961年8月12日，东德调集了2万多军队，突然开到东西柏林边境，他们一到这里就立即着手修筑高墙。13日凌晨，高墙第一期工程就全部完工。一夜之间，在东西柏林间就树起了一堵高墙。13日中午12点37分，最后一个路口宣布封锁，柏林墙初步完成，标志着东西柏林正式分割。

虽然柏林墙起初仅仅是带蒺藜的铁丝网做成的路障，但在一定程度上它却阻止了东德人逃往西方。东德把这堵墙称为"反法西斯防卫墙"，德意志民主共和国派边防军驻守。

公元1961年后，为加强防御，东德对柏林墙又进行多次翻修，先是加强铁丝网，后来又改成了混凝土结构，最后又翻修成75型边境围墙。

公元1989年11月9日，新东德政府计划放松对东德人民的旅游限制，但被当时的东德中央政治局委员君特·沙博夫斯基误解而宣布成柏林围墙即将开放，大批极度兴奋的柏林市民纷纷走上街头，拆毁了柏林墙，被称为"柏林围墙倒塌"。11个月后，两德实现统一，把"柏林围墙倒塌"事件推向了最高潮。

Part 10 在风暴中觉醒——走出大熔炉的现代入口

3 四分五裂的国土

一场"新思维"指导下的改革,导致本已内外交困的苏联在政治、经济和意识形态领域发生根本性的改变,失去共产党领导的苏联,在政治、经济、民族关系等各个面均出现了危机。世界上第一个社会主义国家,一个显赫一时的超级大国,瞬间四分五裂,在世界地图上消失了。

◯ 戈尔巴乔夫改革

公元1985年3月,年仅54岁的戈尔巴乔夫当选为苏共党中央总书记。在当时苏联最高领导层中,戈尔巴乔夫是最年轻的一员,他的上任,给沉闷多年的苏联政坛带来了生机与活力。

然而当时的苏联却已处于内外交困的境地。戈尔巴乔夫上任后,决心进行一次全面的社会主义改革。他提出加速社会经济发展的战略方针,但

苏联最后一任领导人戈尔巴乔夫

"加速战略"却没有取得预期的效果，政策上的失误导致经济上的改革处于"空转状态"。公元1987年11月，戈尔巴乔夫出版《改革与新思维》，提出了他著名的"新思维"，即大力倡导"民主化""公开性"和"多元化"。

公元1988年6月，苏共第十九次代表会议召开，会议决定，把改革的重点从经济改革转向全面的政治体制改革。戈尔巴乔夫首次提出"人道的、民主的社会主义"。另一个政治改革的重要内容是，为30年代至50年代的冤假错案进行平反。然而这项工作却引起了国内对斯大林的激烈批评和苏共中央对舆论的失控，致使苏联在思想界陷入极度的混乱。

根据"新思维"，苏联对其外交政策也进行了改变，外交实践全面倒向西方，积极改善与美国的关系。对东欧，实施所谓的"自由选择"原则，引起东欧发生剧变。东欧剧变又进一步加剧了苏联国内思想的混乱。

○ "八·一九"政变

苏联的政治体制改革使苏联社会出现了前所未有的动乱。公元1990年3月，苏联第三次非常人民代表大会召开，大会修改了苏联宪法，正式取消了宪法中的"苏共在国家政治生活中绝对领导地位"条款。大会决定实行总统制和多党制，戈尔巴乔夫当选为苏联第一任总统。随后，戈尔巴乔夫组建总统委员会，取代党中央政治局，总统委员会成为苏联的最高决策机构。同年7月，苏共召开第二十八次代表大会，正式把建立"人道的、民主的社会主义"作为苏共改革的指导思想与最终目标。以此思想为指导，苏联将在政治体制上放弃一党制，实行多党制和议会民主制。

随着共产党在政治体制上法定领导地位的被取消，在经济上，社会主义公有制也被取消，实行了私有制，并向市场经济过渡；在意识形态领域，苏

Part 10 在风暴中觉醒——走出大熔炉的现代入口

联开始放弃了马列主义思想的指导地位，实行了多元化。此时的苏联，在政治、经济和意识形态领域均发生了根本性的巨变，由此导致了政治、经济、民族关系等各个面均出现了危机。

公元1991年，苏联的国内局势全面恶化，国民经济迅速走向崩溃，各地的民族独立愈演愈烈。俄罗斯联邦、白俄罗斯、乌克兰等加盟共和国纷纷发表主权宣言，苏联面临解体的危机。3月，苏联举行全民公决，绝大多数人赞成保留苏维埃社会主义共和国联盟。戈尔巴乔夫与九个加盟共和国领导人反复协商，签署了新的联盟条约。根据新条约，苏联将成为一个松散的联邦制国家。

苏联国内政治局势动荡不安，各种政治力量加速分化和重组。为挽救濒于崩溃的联盟，公元1991年8月19日，保守派副总统亚纳耶夫发动政变，宣称戈尔巴乔夫因健康原因不能履行职责，由他做代总统。随后，他宣布成立国家紧急状态委员会，在某些地区实行紧急状态。激进派俄罗斯总统叶利钦随即发表《告俄罗斯公民书》，谴责政变。在人民、军队和大多数苏共党员的联合反对下，政变仅仅维持3天便以失败告终。8月22日，戈尔巴乔夫返回莫斯科。

⊃ 超级大国的瓦解

"八·一九"事件后，苏联共产党组织迅速瓦解，叶利钦掌握了实权。8月23日，叶利钦签署命令，暂时停止共产党在俄罗斯联邦领土上的活动，并没收苏共中央大楼。8月24日，戈尔巴乔夫宣布辞去苏共中央总书记职务。随后，各加盟共和国的共产党组织也纷纷瓦解。以叶利钦为代表的激进民主派也迅速把苏共排挤出国家政权体系。就这样，有着88年历史、1500万党

员的苏联共产党，在政治上和组织上都彻底走向了崩溃，顷刻之间烟消云散了。

与此同时，各加盟共和国再次掀起独立浪潮。乌克兰、白俄罗斯、摩尔瓦多、阿塞拜疆、乌兹别克、吉尔吉斯、亚美尼亚、土库曼斯坦先后宣布独立，苏联已无法继续再维持成为一个整体。12月8日，俄罗斯、乌克兰、白俄罗斯在明斯克签署《关于建立独立国家联合体协议议定书》。12月21日，苏联加盟共和国中11个国家的最高领导人在阿拉木图签署《阿拉木图宣言》，宣告"独立国家联合体"诞生。

12月25日，戈尔巴乔夫辞去苏联总统职务。26日，苏联最高苏维埃通过最后一项决议，宣布苏联正式解体。一个显赫的超级大国，瞬间四分五裂，就此在世界地图上消失了。

4 甘地和印度

在印度和南亚政坛上，尼赫鲁·甘地家族可以称得上是一个现代政治豪门，这个家族在印度国大党里一直处于主导地位，印度独立后，这个家族中有3个人物出任印度总理，为印度和南亚人民做出了不朽的贡献。近年来，尼赫鲁·甘地家族中又出现两个活跃在政坛上的耀眼的明星，他们有望为家族续写传奇。

○ 家族渊源

在独立后的印度政坛上，从尼赫鲁·甘地家族走出的3位总理，叱咤风云，主政将近40年，被誉为印度的"大家长"。

尼赫鲁家族的祖先为婆罗门种姓，在印度有着极高的社会地位，其远祖拉杰·考尔是莫卧尔帝国皇帝法鲁克·西耶尔时期的学者，皇帝非常尊崇他。尼赫鲁家族世代为莫卧尔帝国的高官，公元1857年印度发生民族大起义，尼赫鲁家族衰落。莫蒂拉尔·尼赫鲁经过十几年的努力奋斗，又使家族

公元1946，印度民族解放运动领袖甘地与贾瓦哈拉尔·尼赫鲁在讨论

振兴。尼赫鲁总理的独生女英迪拉，夫姓甘地，出嫁后改名英·甘地。因此，该家族就被称为是尼赫鲁·甘地家族。

尼赫鲁与印度

莫蒂拉尔·尼赫鲁是印度独立运动的早期活动家，曾经担任印度国大党主席，他在《尼赫鲁报告》中对未来的印度政府体制作了周密细致的规划。其子贾瓦哈拉尔·尼赫鲁，在英国伦敦内殿法学会取得律师资格，公元1912年回国。

一战结束后，甘地在印度领导非暴力不合作运动，贾·尼赫鲁认同并积极参加这一运动，曾先后9次入狱，为印度争取独立与自由做出了巨大贡献。公元1933年以后，尼赫鲁逐渐成为印度国大党的实际最高领袖。

公元1947年8月15日，印度独立，尼赫鲁出任独立后的印度首任总理。他采取了一系列有力的措施，例如，颁布宪法、举行大选、实行议会民主、建立文官制度等；通过赎买与武力，合并了554个土邦；在中央与各邦组建国大党政府，从而让印度在真正意义上实现了统一；同时他还进行土地改革，废除了柴明达制度。

在发展经济方面，尼赫鲁提出印度实行以资本主义经济为主，同时混有社会主义计划经济成分的经济政策。他还建议在印度建立社会主义。在外交上，尼赫鲁决定让印度继续留在英联邦内；但他反对殖民主义，积极收复法国与葡萄牙在印度的飞地。在国际上，尼赫鲁是亚非会议发起人之一；公元1954年，他与周恩来一道，倡导和平共处五项原则；公元1961年，他又与铁托、纳赛尔一起，发起了不结盟运动。

尼赫鲁深受印度人民的热爱。公元1964年5月27日，尼赫鲁因病逝世，印度约有300万人为他送行。

Part 10 在风暴中觉醒——走出大熔炉的现代入口

英迪拉·甘地与印度

英迪拉·甘地，公元1917年出生，是贾·尼赫鲁总理的独生女儿。早年在瑞士读书，后又留学英国牛津大学。受祖父与父亲的影响，英迪拉12岁就参加反抗运动，21岁加入国大党。印度独立后，英迪拉经常陪同父亲出国访问，参加各种外交活动。

尼赫鲁逝世后，公元1967年，英·甘地当选为印度总理，她是印度史上的第一位女总理。公元1971年，英·甘地成功连任，公元1980年，她在大选中再次胜出。

1971年美国总统尼克逊与英迪拉·甘地

在执政期间，英·甘地执行的内外政策基本上都是尼赫鲁的。她调整了经济发展战略，基本上解决了粮食与牛奶问题。对外，她继续推行不结盟政策，还取得了第三次印巴战争的胜利。

公元1984年6月3日，为平定锡克族的分裂运动，英迪拉命令陆军攻入锡克教的圣地——阿姆利则金庙。公元1984年10月31日，英·甘地被两名锡克教警卫用枪射中，遇刺身亡。

尼赫鲁·甘地家族中的第三位总理

英·甘地遇刺九小时后，其长子拉吉夫·甘地宣誓就任总理。拉·甘地曾长期在英国剑桥大学留学就读，公元1980年从政，其妻为意大利姑娘索尼娅。

拉·甘地出任总理后，对内主张"科技兴国"，提出"实现技术现代化，加快经济发展的战略目标"，"要用计算机把印度引向21世纪"；主张以对话的方式和平解决民族与教派冲突。对外积极与邻国缓和紧张的关系，并进行广泛的外交活动，最终促成南亚地区合作联盟的建立。

由于印度国内教派矛盾与民族问题的长期存在着，向斯里兰卡派军又引起部分民众不满，加上博福斯丑闻的影响，公元1989年11月，拉·甘地在国民大会选举中失败下台。公元1991年5月，拉·甘地被斯里兰卡泰米尔猛虎组织的一名女成员用自杀性爆炸袭击炸死。

家族的希望

拉吉夫·甘地被暗杀后，国大党势力一落千丈。直到公元1998年，不愿从政的拉吉夫遗孀索尼娅·甘地决定出任国大党主席，对国大党进行了整合与革新。公元2004年，国大党在大选中获胜重新执政，尼赫鲁·甘地家族重返印度政坛。索尼娅·甘地逐渐将她的儿子拉胡尔·甘地推向了前台。现在，拉胡尔与他的妹妹普里扬卡，作为尼赫鲁·甘地家族的第四代传人，已成为活跃在印度政坛上的闪亮明星。作为尼赫鲁家族的继承人，拉胡尔·甘地被寄予厚望，他很有可能接任国大党主席，甚至有望成为尼赫鲁·甘地家族中的第四位总理。

5 改变世界格局的一次访问

公元20世纪60年代后期，随着国际局势的变化，中国作为一支强大的力量在国际上发挥着越来越重要的作用。尼克松总统在其和平战略原则的指导下，逐渐改变美国的反华政策，冰释中美关系，对中国进行了为期一周的一次重要访问，翻开了中美关系的新篇章，也改变了世界格局。

○ 尼克松的和平战略

二战以后，美国一直奉行扩张战略，牵扯和耗费了巨大的人力物力财力，影响了国内经济的发展，使其经济实力相对弱化。公元20世纪60年代后期，美国与国际上的对手及盟友相比，其经济与军事实力的变化都不太乐观，而新兴的社会主义国家，特别是中国，却蒸蒸日上。因此，随着国际形势的不断发展变化，美国需要改变以往的战略。

尼克松早在出任美国总统之前，就表达过收缩美国全球义务的意愿。公元1969年7月25日，就任总统后的尼克松提出了"关岛主义"，表明了美国收缩的意图，同时还强调了美国将继续承担在亚太地区已有的条约义务与发挥"重大作用"。公元1969年至1970年，尼克松提出以"伙伴关系、实力和谈判"为三大支柱的新和平战略，把它作为美国处理与盟友关系和对苏、对华关系的总方针。

冰释中美关系

美国有与中国改善关系的意愿，但由于中美华沙大使级会谈早已中断，美国就想通过与中国友好的巴基斯坦和罗马尼亚，来建立两国之间的联系。公元1969年5月24日，美国国务卿罗杰斯在访问巴基斯坦时，请叶海亚总统把美国愿与中国改善关系的信息转达给北京；7月21日，美国国务院发布公报，允许某些美国公民去中国旅行；8月1日，尼克松在访问巴基斯坦时，向叶海亚总统表示，希望巴基斯坦能在中美之间架起一座桥梁。随后，他在访问罗马尼亚时，又请齐奥塞斯库总统向中国转达美国对改善中美关系的兴趣。消息传到北京后，中国方面给予了极大关注。

9月9日，为争取重开华沙会谈，尼克松命令美国驻波兰大使沃尔特·斯托塞尔设法联系中国外交人员。直到年底，沃尔特·斯托塞尔与中国临时代办雷阳进行了接触。公元1970年1月8日，华沙会谈重新召开，美国第一次默认了台湾问题应该由中国人自己解决，并表示将派特使访问北京。

中国对美国的态度也做出了积极的反应。公元1970年12月28日，毛泽东会见埃德加·斯诺时，表达了愿意与尼克松谈话的意愿；公元1971年4月6日，中国乒乓球队在日本名古屋参加世界锦标赛，主动向美国乒乓球队发出来华访问的邀请，美国方面马上表示同意。4月10日，美国乒乓球队来到北京。14日，周恩来接见美国乒乓球队，他说："你们在中美两国人民的关系上打开了一个新篇章！"几个小时后，尼克松就发表声明宣布，放松对华禁运等一系列的新规定。之后，中国又通过巴基斯坦向美国正式表示"愿意在北京公开接待美国总统的一位特使(例如基辛格先生)或者美国国务卿，甚至美国总统本人"。不久，尼克松通过巴基斯坦复信，表示接受访问中国的邀请。

7月6日，尼克松在堪萨斯提出，美国、西欧、日本、苏联和中国是世界五大力量中心，他的"五极均势论"强调了中国作为五强之一的重要性，从长期来看，美国政策的目标必须是与中国关系正常化。7月9日凌晨，美国国务卿基辛格飞抵北京，与周恩来进行了秘密会谈。7月16日，根据秘密会谈达成的协议，中美两国同时发表公告。公告宣称，尼克松总统已接受周恩来总理的访华邀请；公告指出，中美两国领导人的这次会晤，是为谋求两国关系的正常化，并就双方关心的问题进行交换意见。

中美关系的一个重要里程碑

公元1972年2月21日，尼克松抵达北京，受到周恩来等领导人的欢迎。自公元1972年2月21日至28日，尼克松对中国进行了为期一周的访问。期间，毛泽东与他就两国关系和国际事务进行了认真、坦率的交流；周恩来与他就中美关系正常化和共同关心的其他问题进行了会谈。2月28日，中美在上海发表联合公报，指出中美两国社会制度与外交政策存在着本质的区别。但双方同意，无论两国社会制度如何，都应根据尊重各国主权和领土完整、不侵犯别国、不干涉别国内政、平

尼克松访华

等互利、和平共处的原则，来处理国与国的关系，双方均"准备在他们的相互关系中实行这些原则"。双方还声明："任何一方都不应该在亚洲——太平洋地区谋求霸权，每一方都反对任何其他国家或国家集团进行建立这种霸权

的努力。"

关于台湾问题，中方提出了自己的正确主张、立场与态度。美国对台湾是中国的一部分这一立场毫无疑问，并重申美国对中国人自己和平解决台湾问题的关心。美国确认了从台湾撤出全部美国武装力量和军事设施的最终目标。在此期间，美国将随着这个地区紧张局势的缓和，逐步减少在台湾的武装力量和军事设施。

尼克松访华翻开了中美关系史上的新篇章，是中美关系史上一个重要的里程碑，标志着中断了二十多年的中美关系得到了初步恢复，公元1972年2月28日，中美两国签订的《中华人民共和国与美利坚合众国联合公报》又为中美关系的正常化与进一步发展奠定了基础。

6 南非国父

他出身于王族，但自幼立下为南非人民获得自由做出贡献的志向。他专注于自己的事业，把自己的生死置之度外，几次锒铛入狱，历经多次磨难，都未曾动摇他的信念和信仰。27年牢狱之苦后，他已变成一个体弱多病的老人，但他老骥伏枥，继续领导南非人民废除了在南非延续了一个多世纪的种族主义制度。他被南非人尊为国父，他最能代表南非，更是一个时代的象征。

◆ 曼德拉的志向

纳尔逊·曼德拉，公元1918年7月18日出生在南非特兰斯凯地区姆维托村，父亲盖拉·曼德拉出身滕布王朝王族，盖拉给他取了个科萨名字叫罗利赫拉哈拉，意思是"惹是生非的人"。

曼德拉从小就喜欢听老人们讲科萨人的历史，这让他自幼就了解，科萨人在南非曾经过着非常宁静的生活，欧洲人来到这里后，将一切打破。欧洲人不断侵占科萨人的土地。尽管科萨人与欧洲人进行过几次惨烈的战争，但长矛弓箭终打不过洋枪洋炮，科萨人被赶到特兰斯凯和西斯凯地区，过着被压迫、被奴役的生活。幼小的曼德拉立志要"为我的人民获得自由做出贡献"。

9岁时，曼德拉的父亲去世，他被托付给滕布人的大酋长荣欣塔巴。大酋长尽最大努力让他接受教育，而曼德拉也不负他望，考入了当时的赫尔堡大学。这时的曼德拉萌生了投身黑人解放运动的想法，因此他选择攻读法律

专业。曼德拉一面在学校里刻苦地学习，一面投身于社会活动中，结识了很多志同道合的朋友。两年后，曼德拉入选学校学生代表会，但他认为选举不公而拒绝接受，并因此被停学。这时荣欣塔巴为他寻了一门亲事，但曼德拉却想着先立业后成家，于是他就逃婚到了约翰内斯堡。

在约翰内斯堡，曼德拉做过警卫，生活很困苦，但他却通过函授取得了做律师所必需的学士学位。于是曼德拉就开始在律师事务所上班。

公元1944年，曼德拉结婚，也是这一年，他加入了南非非洲人国民大会（非国大），开始了他的政治生涯。曼德拉和他的伙伴西苏鲁、坦博、伦贝迪等一批青年人的加入，给非国输送了新鲜血液，他们组建了自己的组织——青年联盟。

○ 为自由而战

公元1948年，南非国民党在大选中获胜，开始全面执行种族隔离政策，黑人失去了政治、经济权利和居住、行动的自由，不满情绪日益高涨。不过在这一年，曼德拉也当选为青年联盟全国书记。面对高压政策，青年联盟适时提出"民族自决"、"反对任何形式的白人统治"的口号，并采取抵制、不合作、不服从的方式，发动群众罢工等运动。公元1950年，曼德拉当选为青年联盟主席，成了非国大全新的"战斗"形象代言人，南非政府把他视为眼中钉。

公元1952年，曼德拉领导"蔑视不公正法运动"，不幸被捕入狱。一周后虽然被释放，但政府却禁止他参加任何聚会6个月，只能在约翰内斯堡活动。因此他无法出席12月召开的非国大全国大会，但在这次会议上曼德拉被选为非国大第一副主席。

虽然受到禁令的困扰，但曼德拉反种族隔离运动的热情却丝毫没受影响，作为非国大的领导人，这一时期南非国内几乎所有的反抗运动曼德拉都

在风暴中觉醒——走出大熔炉的现代入口

参与了,而且他还多次入狱。

由于曼德拉太注重工作,妻子与他离婚。后来,他很幸运地又娶了温妮。此时的反种族隔离运动陷入了一个低谷,一部分人脱离非国大组建泛非主义者大会。1960年3月21日,南非政府制造震惊世界的沙佩维尔大惨案,取缔非国大和泛非主义者大会。

南非国父纳尔逊·曼德拉

公元1961年,曼德拉组建武装组织"民族之矛"。作为该组织的领导人,曼德拉曾到埃塞俄比亚接受军事训练,为取得斗争支持而辗转于非洲各国与英国。公元1962年8月,由于叛徒告密,曼德拉被捕,"民族之矛"总部被搜查,大部分核心成员被逮捕。在缴获的大批文件中,很多都与曼德拉直接相关。南非政府获得铁证,曼德拉以阴谋颠覆罪被判处无期徒刑。

之后,曼德拉被送往罗本岛服刑。在那里,他度过了漫长的27年。在监狱里,生活条件极为艰苦,劳动极为繁重,曼德拉饥寒交迫,积劳成疾。但作为当时世界上"最著名的犯人",要求释放曼德拉的国际呼声从未停止过,迫于这种压力,南非政府狱方不得不对曼德拉的待遇进行稍微改善,但他仍然受到了"特别照顾":别人能听收音机和看报,而他却不能;别人劳动时一个警卫看管一队,而他干活时却有三个警卫看管……

公元1990年2月11日,迫于国内外巨大的压力,南非政府宣布无条件释放

曼德拉，而此时的曼德拉已经是一位年近七旬的老人！

⊃ 壮志依然

曼德拉并没因年老多病而放弃自己的雄心壮志，出狱后，他就立即投入到反对种族隔离制度、建设新南非的工作中。公元1990年3月，他出任非国大副主席、代行主席职务，公元1991年7月，他当选为主席。在他的领导下，非国大与南非当局展开了谈判，商讨废除种族隔离制度。经过多方努力，在南非延续了一个多世纪的种族主义制度终于被全面废止。公元1993年，曼德拉被授予诺贝尔和平奖。公元1994年，根据新宪法，南非首次进行了不分种族的总统选举，曼德拉当选为总统，成为南非第一位黑人总统。

曼德拉就任总统后，又领导南非人民全力投入到发展南非经济的工作中，他功勋卓著，受到了南非人民前所未有的爱戴。尽管年已花甲，但他的政治生涯又一次冲向了巅峰，明智的曼德拉此时却选择了急流勇退，公元1997年12月，他辞去非国大主席职务，并宣布不再竞选总统。公元1999年6月，曼德拉卸任，但他并未停止工作，依旧忙于调停地区争端、防治艾滋病等事务。2013年12月6日(南非时间5日)，曼德拉在约翰内斯堡住所逝世，享年95岁。南非为曼德拉举行国葬，全国降半旗。

曼德拉和妻子温妮离开维克托-韦斯特监狱

Part 10 在风暴中觉醒——走出大熔炉的现代入口

7 本·拉登事件

骇人听闻的"9·11"袭击事件，世界为之改写，人们的生活也为之改变，这位满脸胡子的阿拉伯男人本·拉登，一日之内变得家喻户晓。这个谜一般的恐怖巨头，在世界各地制造恐怖活动，曾让美国人开出5000万美金的悬赏。他与美军玩了10年"猫捉老鼠"的游戏，最终被美军击毙，并葬于北阿拉伯海中。

○ 恐怖分子并非天生

本·拉登，公元1957年3月10日出生在沙特的吉达，他的父亲是一位大富翁。本·拉登有52个兄弟姐妹，他排行第17。由于本·拉登的母亲是叙利亚人，所以他常常被兄弟姐妹们有意无意地孤立起来，他性格一直比较内向。成年后，本·拉登进入家族企业，他在石油贸易和建筑业方面的生意做得很大，收获颇为丰厚，他在欧美还有好几家公司。这一时期，拉登承揽了伊斯兰教圣地麦加和麦地那清真寺的维修工程，通过这些神圣建筑，他开始对其背后的宗教非常感兴趣，对伊斯兰教也越来越着迷。

公元1979年，苏联军队入侵阿富汗。战争爆发不久，性格内向的拉登就离开家乡，奔赴阿富汗，加入了伊斯兰圣战组织。

在阿富汗，拉登亲自上阵打仗抗击苏军，他意识到，仅靠阿富汗自己的力量不可能战胜强大的苏联。于是，公元20世纪80年代初，他依靠自己雄厚

的经济实力，建立起为抵抗组织提供资金和兵源的支持网，在沙特、巴基斯坦、埃及，甚至在美国设征兵点，将数万名志愿者输送到位于阿富汗与巴基斯坦的训练营，士兵在那里进行简单训练后就走上战场。当时的美国在经济上和武器装备上，也在全力以赴地支持阿富汗，因此，拉登就与美国人很自然地走在了一起，他与很多人一起接受了CIA训练，学习和掌握了游击战的战斗技巧。

公元1986年，拉登率领游击队在围攻贾拉拉巴德战役中，取得了关键性的胜利。他因此在伊斯兰世界，特别是在圣战者中，赢得了极高的威望，他也突然成为家族的骄傲，甚至还成为一些美国人心中的"英雄"！不过，1988年年底，拉登成立"基地组织"，意在捍卫伊斯兰原教旨主义，但这个准军事团体并未发挥多大作用，战争就结束了。当时的拉登对西方人并没有充满仇恨。也就是说，恐怖分子并不是天生的。

◯ 揭开反美的序幕

公元1989年，苏联撤军，本·拉登就从阿富汗返回沙特，继续搞建筑生意。公元1990年海湾战争爆发，拉登自告奋勇，向沙特政府表示，自己可以将从阿富汗回来的游击战士组织起来，甚至还可以从阿富汗招募士兵，来抗击伊拉克。但亲美的沙特政府回绝了他，转而向美国求助。美军控制了伊斯兰圣地麦加和麦地那。作为一个狂热的原教旨主义者，拉登无法忍受美国的这一行径。于是他领导的"基地组织"就把战斗的矛头指向了沙特亲美政府，以及"侵入并腐蚀了伊斯兰世界"的一切西方势力，而且为达目的可以采取任何手段。这对沙特来讲实在是太危险了！于是拉登遭到了驱逐，最终他流亡到了苏丹。就这样，亲美的沙特政府，促使拉登揭开了反美的序幕。

◯ 疯狂的本·拉登

在风暴中觉醒——走出大熔炉的现代入口

一般认为，在苏丹流亡的拉登纠合了大批阿富汗退伍兵及其他伊斯兰极端分子，多次进行恐怖活动。公元1992年12月发生的针对驻索马里美军的也门旅馆爆炸案、公元1993年2月在美国世贸中心发生的爆炸案及1993年6月针对约旦王储阿卜杜勒的谋杀未遂案等恐怖袭击均与拉登有关。但曾到"基地组织"内部采访的英国记者伯克说，虽然拉登与伊斯兰圣战组织交往甚密，但他与他的"基地组织"并没有恐怖袭击的计划，是美国人把罪名强加在了他身上。公元1994年，沙特取消了拉登的国籍，并冻结了他的所有财产。公元1995年，苏丹迫于美国的压力，只得奉劝拉登离境。公元1996年5月，拉登回到阿富汗，得到了刚刚取得政权的塔利班的庇护。

回到阿富汗的拉登凭借自己的巨额财富和极高的威望，以"基地组织"为核心，建立起庞大的恐怖网络和"基地组织"大本营，他把原来为抵抗苏联而设的训练营，改造成为恐怖训练基地。在那里培训出游击战、格斗、爆破、暗杀等技巧熟练的极端分子们，并把他们派往世界各地从事恐怖活动和参加保卫穆斯林的战斗。拉登和"基地组织"不仅有恐怖分子冲锋陷阵，还有遍布世界各地的支持者，他们通过各种渠道提供资金与情报。

公元1998年2月，拉登成立"伊斯兰反犹太人和十字军国际阵线"，把

本·拉登

"反美"作为头号任务提出来。公元1998年5月，拉登在接受记者采访时声称，惩罚很快就会降临到美国人头上。果然，8月7日，美国驻坦桑尼亚和肯尼亚大使馆几乎同时遭到了汽车炸弹的袭击。作为回应，美国立即向苏丹和阿富汗的可疑目标发射巡航导弹，并要求塔利班交出拉登。公元1998年11月，拉登在埃及的盟友杀死58名外国游客；公元2000年10月，也门的美国军舰"科尔号"遇袭……美国将拉登列为头号恐怖分子，并全力追捕，但拉登却一直安全地隐藏在阿富汗，通过卫星电话与互联网，控制和指挥着自己的恐怖帝国。

手段更毒辣的撞击

公元2001年9月11日，美国本土遭受了大规模的恐怖袭击。这一天，世界上最繁华的都市像往常一样，人们充满自信地忙碌着。8点46分10秒，从波士顿飞往洛杉矶的11次航班，掉转航向驶向纽约，以近800千米的时速，撞上了位于纽约的世界贸易中心双子塔楼的北塔楼。飞机扎进这座摩天大楼的94至98层之间，大楼立

美国本土遭受最大的恐怖袭击

即起火，撞机位置以上的人们全部被困。当人们还以为这是一起悲惨的航空事故时，9点02分54秒，同样是从波士顿飞往洛杉矶的175次航班，以更高的

速度撞上世贸中心双子塔楼南塔楼的78至84层，大楼立即发生爆炸，飞机部分残骸直接冲出楼体。最终世贸中心大楼全部倒塌。9点37分，从华盛顿飞往洛杉矶的77次航班撞上了位于华盛顿市的美国国防部五角大楼，造成100多人死亡，五角大楼局部受损。10点03分11秒，从新泽西飞往旧金山的93次航班，在宾夕法尼亚州尚克斯维尔附近坠毁，机上全部人员遇难。据袭击策划者后来透露，这架飞机的目标是袭击美国国会大厦，行动代号为"法律工厂"。

袭击发生当天，塔利班就发表声明谴责恐怖袭击，拉登也声明与此事无关，但美国很快就认定拉登就是这次袭击的幕后主使者。依据是，在可以认定的19位劫机恐怖分子中，大部分都来自沙特，他们与"基地组织"有着密切的联系。为进行报复，美国立即对阿富汗展开军事行动，并很快把塔利班赶下台。但是，拉登与塔利班参与武装却逃入阿富汗的崇山峻岭中，与美军玩起了"猫捉老鼠"的游戏。美军一直没有放弃搜寻本·拉登，拉登的赏金也由3000万美金涨到5000万美金。拉登的行踪与生死也成为全世界的一个谜。

10年后，美国方面终于得到拉登行踪的可靠消息，实施了名为"定向"的突袭行动，拉登在此行动中被击毙，行动大约持续40分钟。公元2011年5月2日，美国总统奥巴马发表声明称，本·拉登被美国海豹突击队第六分队击毙在巴基斯坦阿伯塔巴德的一座豪宅中，其尸体已于次日海葬于北阿拉伯海中。22年圣战、10年逃亡的恐怖生涯，在短短40分钟的枪炮声中灰飞烟灭了。